考拉旅行 玩遍全球

重磅旅游图书
《新加坡攻略》新装升级
一如既往带您畅游新加坡

新加坡攻略

旅游行家亲历亲拍！
最美新加坡热地大赏！

GUIDE

2019-2020
最新全彩版

《新加坡攻略》编辑部 编著

新加坡攻略

新加坡
攻略GUIDE

好玩

好买

好吃

1 概况

毗邻马来西亚的新加坡地处南海、马六甲海峡和印度洋交汇处，是一个美丽的花园城市国家。融合了古老传统与现代都市特色的新加坡是亚洲最重要的金融、服务和航运中心之一，华美典雅的店屋洋楼与摩天大楼相映生辉，蜿蜒流淌的新加坡河每到夜幕降临就会亮起点点灯火，璀璨光影和鲜花装饰着这个国家，令每一个到访的游人印象深刻。

2 地理

新加坡地处热带，位于马来半岛最南端，同马来西亚之间相隔柔佛海峡，其领土包括新加坡岛及附近63个小海岛，总面积719.1平方公里，其中新加坡岛占全国总面积的88.5%，平均海拔15米，最高海拔163米，海岸线全长200余公里。

3 气候

新加坡属热带海洋性气候，全年没有明显的四季之分，空气湿度大且高温多雨，年平均气温为24℃～27℃。

4 区划

新加坡国内分为东南区、东北区、中区、西北区和西南区5个行政区。

5 人口及国花

新加坡现有常住人口约560.7万人，国花为胡姬花（卓锦·万代兰）。

1 办理签证申请

中国公民在前往新加坡时，须持由中华人民共和国公安部颁发的有效护照，去中国国内的新加坡大使馆指定旅行社递交签证申请。目前新加坡对中国所有地区均开放了中国公民的团体赴新旅游，也发放一部分地区的个人旅游签证。

具体办理手续如下：

团体赴新旅游	
申请资格	目前全国所有地区的公民都可以申请团体赴新旅游。
所需材料	1.有效护照：有效期应在6个月以上（从出国日期开始计算），并至少有一张空白签证页，同时提交护照照片页复印件。 2.签证申请表：用英文填写完整，并有申请者亲笔签名。申请表可在新加坡移民与关卡局官网上下载。 3.照片：2张（一张贴在表格上，另一张供扫描用）。照片应符合下列要求：3个月内的近照；正面免冠（如按特殊宗教或风俗要求戴帽或配饰，帽子或配饰不得掩盖申请者面部特征）；面部尺寸为25毫米宽、35毫米高。 4.在职证明：申请人若为在职员工，必须提供由就职公司出具的在职证明信原件一份。证明信中需注明公司同意其休假，并详细注明申请者在该公司任职时间、职务及工资。在职证明信必须列有公司及有关联系人的地址、电话和传真号码。信函加盖公章。 5.财力证明：申请人若无工作，则必须提供证明其个人经济状况的文件，如银行存款证明、房产证等。 6.户口簿：申请者户口簿全本原件及复印件。如为集体户口，可在公安局办理户籍证明，并提供原件及复印件。递交时间：周一至周五8:30—11:30；领取时间：周一至周五16:00—16:30；签证办理时间：3个工作日。签证有效期：5周，从递交签证材料日起生效。此时间指签证批准至入境新加坡的最长时间，与在新加坡停留的时间无关。在出发前1~2周申请签证为宜，过早申请导致签证过期就必须重新办理。 7.中国身份证：原件及复印件。（注：申请商务签证者，只需复印件）。
停留时间	最长30天，实际期限入境时由移民与关卡局官员决定。
所需费用	300元人民币。
新加坡驻中国使馆一览	新加坡驻华使馆：北京市建国门外秀水北街1号，电话：010-65321115。 驻上海领事馆：上海市万山路89号，电话：021-62785566。 驻广州领事馆：广东省广州市天河北路233号中信广场办公楼2418室，电话：020-38912345。 驻厦门领事馆：福建省厦门市厦禾路189号银行中心05-07/08室，电话：0592-2684691。 驻成都领事馆：四川省成都市顺城大街308号冠城广场31-D，电话：028-86527222。
注意事项	1.未填好的表格、材料不齐或不符合要求有可能导致拒签或推迟受理。 2.签证申请是否被批准，及批准的有效期限都由签证官根据申请者个别情况决定。 3.申请者应在签证批准后再购买机票。 4.签证的签发日期一般是指定的单位/旅行社的申请日，签证一旦被签发其有效期将不再变更。申请者不应过早递交申请材料。若签证已过期，申请者须重新递交申请材料。申请者在领取签证时，应仔细核对签发日期及签证有效期。建议申请者在出国前一至二周递交申请，或向指定的单位/旅行社查询可递交申请的日期。 5.签证持有者并不一定可以入境新加坡。签证持有人须符合入境规定方可准许入境，如有效护照、足够的资金和往返机票（如需要）。新加坡移民与关卡局官员有权决定其是否可入境。 6.新加坡移民与关卡局官员在签证持有者入境时决定其停留天数。申请者应留意护照的入境章和批准的停留期限。
*上述介绍仅供参考，具体申请手续以当地有关部门公布的规定为准。	

2 出入境口岸

当游客办理好旅游签证之后，就可以前往新加坡了。目前在新加坡机场有多条往返中国的航线，另外在青岛、天津、上海和苏州太仓也有轮船前往新加坡，旅客可以根据具体情况自由选择。

出入境口岸	交通工具	入境情况	开放时间	进入市区交通方式
新加坡樟宜国际机场	飞机	入境轮候时间较短	24小时	樟宜国际机场在新加坡市区郊外，机场地铁站的位置是在第二搭客大厦和正在兴建的第三搭客大厦之间的地下，单程票为1.4新元；同时还有公交车通往市区。

3 出入境须知

出入中国边防及在新加坡入境时，要持护照依次排队办理相关手续。在办理登机手续时，航空公司会按国际惯例以客人姓名的英文字母顺序发放登机牌，如果需要调整座位，可以在其他乘客全部坐好后自行请空姐协助调换。

出入境时一定要据实申报所携带行李物品，不得走私、漏税、携带违禁物品或超过限量。出境时，中国海关规定每名出国游客最高可随身携带等值5000美元的现金，另外像摄像机和变焦照相机这样的海关规定申报物品也必须申报。

在抵达新加坡机场之后，要办理检疫和入境手续。入境时，要向入境检察员出示在飞机内填写的入出境卡片和护照。护照被盖上可允许停留14日以内的印章，并将入境卡的另一半返还之后，入境手续就算办完。在接受入境检察员的询问时会要求你出示新加坡出境的机票，并询问入境目的、停留时间，只要如实回答就能通过。

4 货币兑换

新加坡货币为“新加坡元”，简称“新元”或“新币”，基本单位是“元”。1新加坡元约等于人民币4.87元（以当天汇率为准），纸币面额有2元、5元、10元、20元、50元、100元、500元、1000元、10000元九种，硬币包括1分、5分、10分、20分、50分、1元这六种面额。为方便使用，最好在中国境内兑换一定数额的新元或美元，人民币在新加坡当地兑换的手续费较高。中国的银联卡在新加坡可以自由使用。

5 时差

新加坡全国同属一个时区，比格林尼治标准时间（G.M.T.）早8小时，和中国一样位于东八区。新加坡不实行夏时制。

6 语言

新加坡的官方语言有4种，分别是汉语、英语、马来语和泰米尔语，因当地的华人占总人口数的75%以上，所以交流相对便利。

7 住宿

新加坡酒店的大部分客房内备有常规生活用品，如洗发用品、牙具、拖鞋、毛巾、刮胡刀等，游客也可以使用自己的洗漱用品。酒店内的自来水可安全饮用，有的房间有电热水壶，可自己烧水；有的需到走廊中的热水机打水。若需冰块，走廊中会有自动制冰机，可自行取用。

新加坡的电压和国内相同，为220伏—240伏，50Hz。但是新加坡的插座多为英式插座，请游客备好转换插头，也可以在酒店的前台申请借用。在酒店内打电话、饮用房间冰箱内或吧台饮料和酒水均是要收费的，而且费用一般是外面同类物品价格的若干倍。另外新加坡的酒店内一般都设有收费电视，使用前请了解清楚付费方式及金额。

8 通讯

去新加坡可以携带自己的手机，并使用当地的电话卡。大多数购物中心及地铁站设有公用收费电话。使用电话卡可拨打本地和国际长途电话，本地电话按0.1元/3分钟收费，有些电话亭也可以用信用卡打电话。

各邮局、7-11便利店和电话卡代理商出售各种面值的电话卡和国际电话卡，有2元、5元、10元、20元、50元五种面值。

新加坡电信、“第一通”与“星和”是新加坡的三家移动电话服务公司。拨打国际直拨电话的代码是：新加坡电信001、“第一通”002、“星和”008。

9 饮用水

新加坡的自来水是经过卫生及安全检测的，可以直接饮用。

10 禁忌

1、衣着：在参观庙宇和清真寺时，衣着必须端正，手脚都得有衣物遮盖。

2、脱鞋：到访印度寺庙和清真寺，都得在进门之前脱鞋，到本地人家里作客也是如此。

3、进餐：在吃印度餐或马来餐时，请用右手。

11 部分当地法规

1、新加坡是世界上最清洁的城市之一。游客必须随时注意保护环境卫生，随便吐痰罚款1000新元，乱扔烟蒂等小垃圾罚款200新元。

2、新加坡主张禁烟。公共汽车、剧场、影院、餐馆和装有空调的商店、政府机关办公室都属禁烟区，违禁要罚款500新元。

3、行人须走人行横道。翻越栏杆罚款500新元，如果50米内无人行横道，要在交通指示灯的指示下过马路。

12 紧急联系

新加坡比较安全，几乎没有什么自然灾害，一旦发生紧急情况请与我国驻新加坡使馆及时取得联系。

常用电话

意外（普通） 999
意外（海事） 6325-2488
火警、救护车 995
新电信查号台 100
机场航班咨询 6542-4422（自动）
6541-2302（人工）
天气预报 6542-7788
传染病通报 6731-9757
交通事故报告 6547-6242、6547-6243
圣淘沙旅游咨询 6736-8672

中国驻新加坡大使馆
地址：东陵路150号
电话：64180252

旅游咨询机构
新加坡旅游局驻北京、上海、广州办事处电话
北京：010-58793388
上海：021-63852626
广州：020-38911911
中国驻新加坡旅游办事处
电话：65-6337-2220

1 航空

新加坡樟宜国际机场是东南亚最大的机场之一，从马来西亚吉隆坡飞往新加坡的穿梭航班每小时一班，非常便利。中国游客可以从北京、广州、上海、厦门、深圳、汕头、合肥等城市乘直达航班飞往新加坡。

樟宜国际机场平均每隔15分钟就有MaxiCab为游客提供市区内旅馆和机场之间的交通服务，游客可以在中央商业区内任意一处下车，票价7新元。从樟宜机场前往新加坡中央商业区和市政厅一带的城市快捷运输（MRT）平均每12分钟一班，车程大约30分钟，票价2.5新元。

24小时机场巴士

机场巴士为新加坡市区大多数酒店提供服务（除了圣淘沙），车程约为一小时。首班车发车时间为6:10，平日末班车时间为22:53，周六末班车时间为22:54，周日末班车时间为23:01。

免费接驳巴士

周末及公众假期有免费接驳巴士从勿洛地铁站、盛港地铁站往返机场。而从樟宜商业园往返机场的免费接驳巴士服务则仅在周一至周五提供，公众假期除外。

出租车

每个航站楼的入口处都设有出租车停靠站点。前往市区的费用为18~38新元，车程大约需要30分钟。除了打表计价，所有从机场出发的行程还需支付额外的机场费用。周五至周日17:00至凌晨0:00是5新元机场费用，其他时间是3新元机场费用；凌晨0:00至5:59的午夜时间需加收50%的乘车总费用。还可包轿车/大型出租车，联系位于入境大厅的接驳交通柜台即可。四人座轿车出租车定价55新元/趟（从机场出发）；七人座大型出租车定价60新元/趟（从机场出发）。

地铁

地铁站位于航站楼2和航站楼3之间。从机场坐机场线可以前往市区的丹那美拉（Tanah Merah）地铁站，然后可再换乘前往中央商业区（CBD）或市政厅（City Hall）的地铁线，MRT机场线每天

5:30—24:06运营，每12分钟一班，前往丹那美拉地铁站成人票价2.7新元，儿童票价1.5新元，车程35分钟。

2 火车

新加坡位于马来半岛铁路网的最南端。从新加坡到马来半岛西岸各个主要城市，如吉隆坡、新山、怡保等，都可以乘火车直达。

新加坡丹戎巴葛火车站位于地铁丹戎巴葛站附近。每天有三班空调快车开往吉隆坡，行程7小时，按车厢等级以及坐卧铺不同，到吉隆坡的费用为30~110新元。此外，这班快车还会继续前行开往泰国。

新加坡至曼谷的豪华快车E&O东方快车（Eastern & Oriental Express）全线1943公里，穿梭于新加坡、马来西亚和泰国之间，该列车以设施豪华、食物丰盛、服务周到著称。从新加坡至曼谷全程需42小时（抵达曼谷后还会继续开往清迈和廊开），票价3000新元起，套房每人最低5500新元。

3 地铁

拥有多条线路的新加坡地铁总长110公里，运营时间为5：30至次日0：30，是新加坡最方便快捷的交通工具。新加坡地铁车站全部采用自动售票机售票，地铁单程票起价1新元，依距离远近逐级递增，另外还有1新元的押金，乘客在出站时可将使用过的车票放入售卡机左上方的插口即可取回押金。在新加坡观光的游客可以选择购买由新加坡旅游局推出的新加坡观光通行证，每日8新元并另付10新元的押金，可全天无限次搭乘地铁、轻轨和公共汽车，还可在购物、用餐、住宿时享受各种优惠。

易通卡（Ez-Link Card）

在巴士转换站和地铁站可买到易通卡（EZ-Link Card），可用来搭乘巴士和地铁。此卡售价18新元，其中储值10新元，押金8新元。使用后余额可退，没有时间限制；押金在5日内可退。需要在指定的地铁站退押金，机场也可退。除了使用现金，也可以选择使用易通卡（EZ-link card）支付地铁和公共汽车费用。易通卡可在各地铁站的通联售票处或公共汽车转换站购买到。购买一张成人易通卡须缴15新元现金，包括2新元定金、3新元工本费及每张卡10新元的储值。

4 巴士

在新加坡境内穿梭往返，最方便的是乘坐公交车。新捷运巴士有三条不同的城区环形路线，行经乌节路、小印度、牛车水、克拉码头、甘榜格南和新达城等旅游景点。新加坡的公交车都是采取上车付钱取票制，就是付了钱后，票会从司机座位后方出来，此时务必记得取票，以防随时查票。另外，车上不找零，需自备零钱。票价：空调车是0.9~1.8新元，无空调为0.7~1.4新元。

新航观光巴士可带您游览市区的各文化娱乐中心，运行路线：乌节路、白沙浮广场、新达城、市中心、驳船码头、牛车水、小印度和新加坡植物园等地。营业时间为9:00—18:00，每30分钟一班车。

河马观光巴士

这种观光巴士漆有河马和鱼尾狮等图案，造型十分可爱。露天双层设计可以让您以360度的视野浏览市区风情。它是游览鸭公司（Duck-Tours）继鸭子旅游车后给游客带来的游览新体验，它的最大特点是乘客可随时下车，自行决定在每个景点的逗留时间，然后依据时间表乘搭下一趟巴士继续游览。河马巴士有32个站，从新达城出发，连接酒店、购物商场和众多景点。游程共4小时，行车时间为每天18:00—22:00。

仿古电车

仿古电车（Singapore Trolley）古色古香，可以高效率参观市内景点。电车由植物园始发，途经乌节路上大部分的饭店，途中也到纽顿、莱佛士酒店、莱佛士城、皇后坊、鱼尾狮公园、老巴刹市场、斯里马里安曼寺及丹戎巴葛保留区，最后在圣淘沙岛的门户——世界贸易中心折返。行车时间为每天9:00—21:00，每30分钟一趟。

5 轮渡

在新加坡人们可通过轮渡前往马来西亚及印度尼

西亚的岛屿。

丹那美拉渡轮码头（HarbourFront Centre）：码头有通往刁曼岛（Tioman）和民丹岛（Bintan）的轮渡，每天发船，7:30—20:00每半小时一班，往返船票价格为30~34新元。

樟宜码头（Changi Point Ferry Terminal）：从樟宜码头出发，可乘轮渡通往丹戎布仑格（Tanjong Belungkor），航程45分钟，船票单程价格为18新元，往返22新元。

5 出租车

新加坡出租车不能在路旁招手随时停车，乘客可以在饭店或购物中心的出租车站排队乘车，也可拨打电话叫车，但需加收3新元。新加坡出租车起价2.8~3.2新元，24:00—次日早6:00需加收50%车费，早7:00—9:30、17:00—20:00的高峰期则需加收35%的车费。周一至周五17:00—20:00期间如果在中央商业区乘出租车加收1新元车费；元旦、圣诞节、开斋节、屠妖节前夕18:00—24:00、农历除夕18:00—正月初二24:00期间都要加收1新元车费。

从机场乘出租车需附加费：平日3新元，周五到周日17:00—24:00收取5新元。电话叫车和预约也需另外付费。（以上附加费不会显示在计价器上，因此有时你会发现司机收费高出发票金额。）

叫车电话：

Cabline：0065-65522222

Comfort Taxi：0065-65521111

SMRT Taxi：0065-65558888

1 新加坡国家博物馆和画廊

建成于1887年的新加坡国家博物馆和画廊是新加坡规模最大、历史最悠久的博物馆和画廊，共分为历史馆、文化生活馆和临时展厅三部分，可通过馆内珍藏的各种展品和图像文字资料了解丰富多彩的新加坡历史。

2 新加坡摩天观景轮

高165米的新加坡摩天观景轮建于2008年，是全世界规模最大的摩天观景轮之一，同时也是新加坡全新的旅游标志。乘坐摩天轮可以欣赏新加坡滨海湾的美丽风光，还可欣赏夕阳沉入海面的美景，深受情侣们的欢迎。

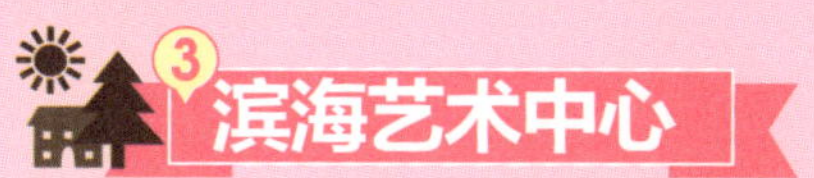

3 滨海艺术中心

由4000多块玻璃组成屋顶遮阳罩的滨海艺术中心外观仿佛榴莲一般，在这里可以欣赏到多种类型的文化艺术表演，是新加坡首屈一指的艺术表演场地，同时也是新加坡新兴的标志性建筑之一。

4 鱼尾狮公园

位于新加坡河畔的鱼尾狮公园是新加坡面积最小的公园。园内屹立在新加坡河河口处的鱼尾狮像高8米，早已成为新加坡的标志和象征，与园内不远处另一座同样会喷水的小鱼尾狮像相映成趣，吸引了众多游人慕名而来。

5 金沙空中花园

位于金沙酒店楼顶的金沙空中花园地处200米的高空，栽植了大量花草树木，最引人注目的就是这里无边界的户外游泳池，可在游泳的同时一览周围的迷人风光。此外，楼顶还设有公共观景台，可360度自由观看新加坡的滨海风光和对岸金融区的摩天大楼。

6 新加坡环球影城

位于圣淘沙岛上的新加坡环球影城是全世界第四座环球影城，共分为纽约、好莱坞、古埃及、科幻城市、遥远王国、马达加斯加和失落的世界等七个主题区域。这里所有的游乐项目和景观都取材自热门电影，是一个充满梦幻色彩的主题娱乐城。

7 双溪布洛湿地保护区

双溪布洛湿地保护区是新加坡第一个也是唯一一个沼泽保护区自然公园。公园里栖息着超过500种野生动植物，是候鸟们向南迁徙过冬时的必经中转站。赏鸟是这里最吸引人的活动，尤其在每年的候鸟季节，还能看到来自遥远的西伯利亚的候鸟。

8 新加坡海底世界

新加坡海底世界是东南亚最大的海洋馆，来到这里的游客们不仅能够看到形态各异的海洋生物，还能看到精彩的水生动物表演，或是亲身触碰海盘车、海参等多种海洋生物，这种机会是别处难有的。

9 武吉知马自然保护区

武吉知马自然保护区是世界少见的完整保存的热带原始雨林区，保护区以新加坡最高的山峰武吉知马山为中心，分布着广阔的森林，以及大量珍稀的野生动物。因此，不论是自然爱好者还是远足发烧友都能享受其中的乐趣。

10 裕廊飞禽公园

裕廊飞禽公园是一处大型人造禽鸟公园，公园里共有95个鸟舍、6个池塘和10个可以供鸟栖息的围场，饲养着来自世界各地大到非洲的鸵鸟、小到加勒比地区的蜂鸟等380多种4600多只飞禽。

1 新加坡河

蜿蜒流淌的新加坡河贯穿整个城市，是新加坡唯一的一条河流，被誉为新加坡的母亲河。总长4公里的新加坡河两岸屹立着众多百年历史老建筑。乘坐驳船欣赏沿河的风景，或是在岸边沿河游览都可感受这条河的独特魅力。

2 市政厅

建于1929年的新加坡市政厅是远东地区最古老的荷兰建筑之一。外观典雅的市政厅见证了新加坡历史上的众多重要时刻，如1945年英国接受日本投降、1965年李光耀宣布新加坡独立等重大事件，后者也是新加坡迈向自治、独立的议会共和制的重要里程碑。

③ 旧国会大厦

由乔治·科尔曼设计建造的旧国会大厦建于1827年，是新加坡最古老的殖民时代政府建筑，在新加坡独立后作为国会大厦使用，现今这里更名为旧国会大厦艺术之家，展现了国内外艺术家所创造的现代视觉艺术。

④ 福康宁公园

福康宁公园曾经是英国殖民统治新加坡时修建的军事基地，现今公园内依旧有大量保存完好的防御工事。此外在公园内还建有博物馆，收藏展示了这里自英国统治以来被发掘出来的历史文物，同时还有不少“二战”期间的军用物品。

⑤ 和平纪念碑

为纪念“二战”中无辜死难的新加坡平民而修建的和平纪念碑于1967年2月15日揭幕，纪念碑主体是高近百米的四根白色尖柱，代表着四大民族，是新加坡多元文化的象征和国家繁荣和谐的标志。

6 乌节夜市

每到夜晚，乌节路都会亮起五彩缤纷的霓虹灯，各种知名与不知名的乐队尽情演奏，音乐声中伴随着阵阵诱人的香气，可以品尝各种新加坡特色小吃等美食，还有冰凉的啤酒和果汁，是新加坡别具特色的夜生活休闲去处。

7 牛车水

牛车水作为新加坡华人移民最早的聚集地，于1828年由莱佛士划为华人居住区，是新加坡华族移民的文化中心。街道小巷随处都充满着浓浓的华人气息，众多繁华的小巷以及始建于“二战”前传统风格的店铺沿街林立，是新加坡著名的“唐人街”。

8 克里斯南寺

克里斯南寺是一座拥有百年历史的印度教寺庙。在色彩缤纷的印度教寺庙中，千奇百怪的神话宗教人物雕像四处可见。最为特别的是，印度教没有烧香拜佛之说，而克里斯南寺的寺门口供桌上却设有香炉燃香。

9 观音堂佛祖庙

建于1884年的观音堂佛祖庙毗邻克里斯南寺，古老的寺院充满中国传统建筑特色。每过十年都会为寺中的主神十八手观音举办镀金仪式，而观音堂佛祖庙内中英文对照书写的签诗也别具特色。

10 苏丹清真寺

苏丹清真寺建于19世纪初，是一幢典型的东南亚风格清真寺。现今呈现在游人面前的是一幢标准的撒拉逊风格建筑，其独特的洋葱式金色圆顶在阳光照耀下颇为醒目，是新加坡最壮丽的清真寺。

1 福南科技与资讯广场

福南科技与资讯广场是全新加坡顶级的、规模最大的IT产品集散地。除了各种品类繁多的IT产品外，福南科技与资讯广场还设有美食坊、书店和休闲区等区域，颇受年轻人青睐。

2 城联广场

全长7公里的城联广场是新加坡第一条地下商业步行街，同时也是全新加坡规模最大的购物街。沿街两侧林立着众多别具特色的商家和精品服饰店，堪称购物一族的天堂。

3 白沙浮市场

白沙浮市场在19世纪初期是当时商人、船员和娼妓活跃的一处混乱街区，现今则汇集了数百家经营小吃、果汁、衣物饰品、纪念品的商家，是新加坡少有的街头购物区之一。

4 白沙浮购物广场

由新加坡传统店屋群组成的白沙浮购物广场全部由玻璃屋顶遮挡，市场内有上百家商家，经营少女服饰、项链DIY、个性T恤和玩偶等商品，是一条颇受年轻人喜爱的休闲购物街。

新加坡推荐

5 巴梭拉街

巴梭拉街充满浓郁的伊斯兰风情，街道两侧的椰子树随风摇曳，热带风情令人沉醉。在巴梭拉街沿街两侧色彩缤纷的店屋内经营各种银饰、丝绸和蜡染布、竹编和藤制品等工艺品，深受游客欢迎。

6 亚拉街

充满浓郁伊斯兰风情的亚拉街曾经是马来人王国苏丹和贵族居住的地方，沿街的建筑华美典雅，拥有众多经营布料、印度尼西亚蜡染布、地毯、桌垫、抱枕等商品的店铺。尤其值得一提的是，亚拉街上的香水店经营的香水均为天然香料制成，香味淡雅，香水瓶也是造型独特。

7 麒麟大厦

麒麟大厦充满时尚韵味，因最新最时髦的休闲生活概念而深受年轻人喜爱。除了经营青少年流行服饰的商家外，这里最受欢迎的是HWV音乐CD唱片行，可以找到各种类型的音乐专辑，甚至许多早已绝版的唱片专辑也可以在这里找到。

8 远东商业中心

充满青春时尚与动感活力的远东商业中心经营流行服饰、珠宝钟表、当季鞋款、眼镜、纪念礼品、CD等商品，美容沙龙和定做西装的裁缝店等也应有尽有，是年轻人假日休闲逛街的热门首选。

9 世界城

外观大气的世界城以世界为主题设计修建，商场内经营的西装、手表、皮件、运动鞋、相机、光碟等商品不仅品类繁多，而且品牌来自世界各国，无愧其“世界城”的名字。

10 唐城坊

设计独特的唐城坊是一幢螺丝形的建筑，商场中以中低档商品为主，除了有大众化的服装和各种钟表、饰品等商品外，还有木屐、蜡纸雨伞、陶质餐具以及翡翠玉佩等本地艺术家的得意之作，此外还有经营古董字画的店铺。

① 新加坡司令

新加坡司令是在新加坡非常有名的一种鸡尾酒，这种酒是由琴酒、白兰地等酒类精心调配而成，外观呈红色，再配上樱桃、柳橙等水果，口感舒适而自然，入口后回味无穷。如今这种鸡尾酒经过不断地完善配方，俨然成为新加坡具有代表性的酒，在各大酒店或是高档旅馆，甚至是新加坡航空的飞机上都可以品尝到，如果有机会可一定不能错过。

② 肉骨茶礼盒

肉骨茶是新加坡的一种传统小吃，传说是最初来此做码头工人的福建人将闽粤人平时喝的茶加入数味中药后做成茶包，并和排骨等一起蒸煮而成，并作为每天的早餐。这种食品营养丰富，口味独特，兼具了茶和肉各自的优点，十分美味。而人们只需把肉骨茶礼盒中的茶包和排骨等放在一起煮熟，就可以立即享受这一新加坡小吃的美味了。

③ 榴莲泡芙

相信吃过榴莲的人都会对这种热带水果强烈的气味印象深刻，而新加坡出产的榴莲泡芙则通过特殊的加工方法去除了这种气味，将榴莲和鲜奶油融合在一起，做成了这种味道独特的泡芙。这样一来很多因为气味而对榴莲敬而远之的人也可以毫无顾忌地品尝这种水果的美味了。新加坡国内最好的榴莲泡芙当数埃米克斯所出产的，这是新加坡榴莲系列糕点的第一品牌，深受国内外各方人士的喜爱。

④ 娘惹糕

娘惹糕是新加坡传统的娘惹菜中最重要的一道美食，在新加坡到处都可以看到种类繁多的娘惹糕。它们颜色各异，口味不同。比如褐色的是加入了用椰子熬成的椰糖，蓝色的则是放进了蝶豆花，绿色的自然是加入了班兰叶，红色的则是用红薯粉制成的。甚至还有一种千层糕，是将这些颜色各异的糕一层层地堆叠起来，色彩斑斓，很是好看。当然，娘惹糕的口味也是一绝，里面有的加了椰丝，有的放了鱼松，有的混有芒果汁。无论你多么挑剔，都能轻易找到适合自己口味的娘惹糕。

5 传统肉干

新加坡的传统肉干是闻名世界的传统小吃，这里的肉干品种多样，除了有人们常见的猪肉干、牛肉干、鸡肉干外，还有当地特有的龙虾肉干和鸵鸟肉干，这就让人大开眼界了。当然新加坡的肉干不只在创意上有独到之处，其味道也是首屈一指。在新加坡很多出售肉干的商店里都有着各自不同的传统制作方法，制作出来的肉干味道各有千秋，光吃一家店的肉干肯定是不够的。

6 印度纱丽

印度族人在新加坡人口中占有一定的比重，因此在新加坡也能找到不少富有印度风情的土特产。而最著名的印度纱丽就是其中的佼佼者。印度纱丽的主要出售地位于新加坡的小印度社区，这里是印度族人最大的聚居区，出产的纱丽色彩鲜艳，做工精致，比起印度本国的可是有过之而无不及。而且有的还大胆引入了别的民族的风格，自成一派，是那些喜欢印度古典风情的人们最好的选择。

7 娘惹服饰

娘惹人本是华人和马来人通婚后的后裔，因此娘惹服饰也结合了中国和马来的服饰风格。衣服的材料多以轻纱为主，同时在马来传统服饰的基础上增加了西式风格的衬肩，并且装饰以中国传统的花边，可以说是中西合璧的完美典范。在颜色方面，娘惹服饰不仅有中国传统的大红及粉红色，还有马来人的吉祥色土耳其绿，并且其上还有花鸟鱼虫等图案做点缀，非常具有民族特色。

8 镀金胡姬花

胡姬花也就是我们常说的兰花，是新加坡人最喜欢的花种，新加坡的国花也就是胡姬花中的极品——卓锦·万代兰。镀金胡姬花是新加坡最具特色的产品，这种工艺品直接由天然的兰花加工而成，将兰花放入特制的电解金属液中，一会儿花的通体就被镀上了一层金属，然后工人再根据花的大小将其制作成耳环、别针等饰品。经过这种加工后，兰花可以保证10年不会变形变色，曾经也被新加坡政府作为国礼赠送给外国领导人。

9 阿拉伯香水

阿拉伯人是发明香水的始祖，他们使用当地特产的各种香料调配成味道各异的香水，这种阿拉伯香水香味浓郁醇厚，经久不散。在新加坡就有这么一条阿拉伯香水街，是阿拉伯人最早的移民基地，也正是他们将阿拉伯香水带进了新加坡。在这里有不少专业的阿拉伯香水调配师为客人们配置专属于他们的香水，根据个人的好恶可以调配出各不相同的味道来。同时还有各种造型华丽别致的香水瓶供人选购，是用来馈赠友人的好礼品。

10 鱼尾狮造型纪念品

鱼尾狮是新加坡的标志，因而在新加坡随处都能见到鱼尾狮造型的纪念品。这些纪念品材质各异，有金属、竹木、毛布、陶瓷等，种类各异。样子也各不相同，有的保持了原有鱼尾狮的威严，也有的将其卡通化，显得十分可爱。而且有的是挂件，有的是摆件，还有的是日用品。可以说鱼尾狮的造型融入了新加坡的每一个方面，是每个来新加坡旅游的人都必然会选购的物品。

①GUCCI

GUCCI在 Ngee Ann City有专卖，在 Paragon有旗舰店。

②LV

LV在 Ngee Ann City 有专卖，在 ION Orchard有概念店。

③CHANEL

CHANEL在 Ngee Ann City、ION Orchard、樟宜机场免税店有专卖。

④DIOR

DIOR在机场免税店有专卖，在 ION Orchard有复式旗舰店。

5 TIFFANY

TIFFANY 在 Ngee Ann City、DFS有专卖。

6 FENDI

FENDI在伊士丹、 Ngee Ann City 有专卖。

7 CARTIER

CARTIER在ION Orchard、机场免税店有专卖。

8 BURBERRY

BURBERRY在ION Orchard有旗舰店，在DFS免税店有专卖。

9 ARMANI

ARMANI在DFS免税店有专卖。

10 HERMES

HERMES在DFS免税店有专卖。

1 文东记

1979年开业的文东记是新加坡最有名的海南鸡饭餐厅。文东记的海南鸡饭鸡肉滑嫩鲜香，拥有大批忠实粉丝，开有多家分店。其中新达城喷泉平台的文东记分店由于交通便利，深受观光游客欢迎。

2 大东酒楼

开业于1928年的大东酒楼迄今已近90年历史，酒楼内的四面墙壁上挂满了众多历史照片和名人题字，向每一位食客展示着其悠久的历史。大东酒楼的招牌菜烤鸭鸭皮香脆可口，鸭肉肥而不腻，此外咖啡排骨王和生汁虾球等招牌菜也不可错过。

3 亚坤咖椰吐司

新加坡人所喜爱的传统早餐最初是由从海南来到新加坡的阿坤所创。将吐司添加巧克力后用炭火烘烤，之后再涂上用鸡蛋和椰奶调制的咖椰和牛油，最后配上一碗半生鸡蛋而成的咖椰吐司不仅是新加坡的国民早餐，也深受观光客欢迎。

4 黄亚细肉骨茶餐室

黄亚细肉骨茶餐室是新加坡肉骨茶中的佼佼者，这里的肉骨茶肥美不腻，浓香扑鼻，令人垂涎欲滴，回味无穷。每天黄亚细肉骨茶餐室门前都会大排长龙，14:00左右就会关门休息。

5 Muthu's Curry

在小印度区的Muthu's Curry以咖喱鱼头闻名，采用9种不同香料调制而成的咖喱汤汁搭配肉质鲜美的鱼头烹制而成的咖喱鱼头大受欢迎。此外，还可品尝咖喱鸡、咖喱虾或咖喱羊肉等印度菜肴，搭配上印度黄姜饭，就是一桌别具特色的印度美食。

6 南蛮亭

南蛮亭是一家经营正宗日式烤鸡串的餐馆，店内所用的烧烤木炭全部来自日本纪州，因而口味绝对正宗。除了美味的烤鸡肉串外，在南蛮亭还可以品尝各式日本小吃。

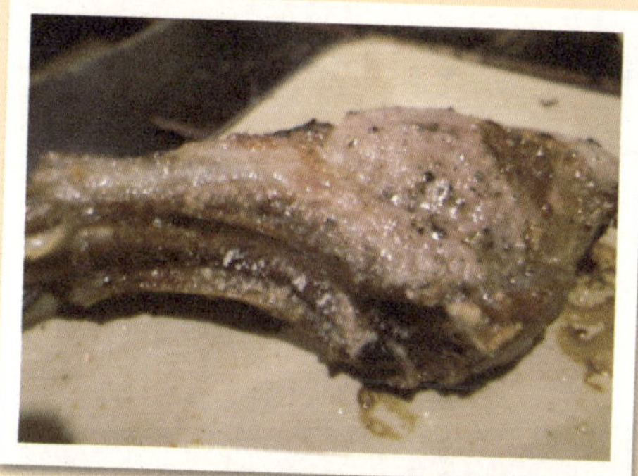

7 328加东叻沙

福建风味的328加东叻沙开业于1998年，这里的招牌菜是用椰浆、虾米、辣椒、淡奶等10余种食材熬煮成高汤后搭配粗米粉、大虾仁和蚶肉而制成的美味，汤汁饱满，口感香滑，曾荣获Singapore Food Map颁发的优秀厨艺奖。

8 老曾记

老曾记开业于1956年，是一家在新加坡颇为知名的老字号咖喱饺专卖店，其用料新鲜，口味绝佳，除了招牌的咖喱饺外，老曾记的咖喱鸡肉包和芋泥派也是不可错过的美味。

9 辣椒香娘惹餐厅

辣椒香娘惹餐厅内的大厨拥有50多年的娘惹菜烹饪经验，在这里可以品尝到大量使用香茅、椰浆、黄姜、柠檬叶和各式辣椒制成的娘惹料理，如花篮饼、包心菜卷、亚参咖喱鱼头等招牌菜，都是色香味俱全的美食。

10 老巴刹

老巴刹建于1984年，其前身是一家传统菜市场，现今则改建为新加坡规模最大的小吃中心，游人可以在这里品尝到肉骨茶、福建薄饼、鱼头米粉、福建炒虾面和各式南洋冰品等美味小吃。

清晨 到达新加坡

DAY 1

上午 莱佛士登陆遗址→新加坡河→鱼尾狮公园→亚洲文明博物馆皇后坊分部

莱佛士登陆遗址是1819年莱佛士最初登陆新加坡的地方，现今立有英国著名雕刻家兼诗人乌尔纳设计的一尊莱佛士爵士铜像。蜿蜒流淌的新加坡河贯穿整个城市，是新加坡唯一的一条河流。鱼尾狮公园是新加坡面积最小的公园，园内屹立的鱼尾狮像高8米，早已成为新加坡的

标志和象征。亚洲文明博物馆皇后坊分部是亚洲文明博物馆的两座分馆之一，馆内拥有印度、中国、东南亚和伊斯兰世界等不同的主题展厅，汇集了种类繁多的珍贵藏品。

下午 新加坡摩天观景轮→市政厅→最高法院→新加坡国家博物馆和画廊→善特主教座堂

高165米的新加坡摩天观景轮建于2008年，是全世界规模最大的摩天观景轮之一，深受游客和情侣欢迎。建于1929年的新加坡市政厅是远东地区最古老的荷兰建筑之一，见证了新加坡近代众多重要历史进程。毗邻新加坡市政厅的最高法院建成于1939年，是新加坡晚期英国殖民风格建筑的代表之一。建成于1887年的新加坡国家博物馆和画廊是新加坡规模最大、历史最悠久的博物馆和画廊，可了解新加坡丰富多彩的历史。善特主教座堂建于1843年，是新加坡教区大主教的驻留地，同时也是新加坡历史最悠久的一座天主教堂。

夜晚 赞美广场

赞美广场曾经是19世纪中叶修建的圣婴耶稣的修道院，现今被改建成为一处灯火辉煌、充满浪漫气氛的美食休闲区。

DAY 2

上午 小印度拱廊→斯里尼维沙柏鲁玛寺→阿都卡夫清真寺→锡克教寺庙

小印度拱廊是新加坡最具有印度风情的社区之一，是新加坡著名的购物、旅游、休闲一站式综合街道，充满浓郁的印度风情。斯里尼维沙柏鲁玛寺是新加坡最古老的庙宇之一，寺庙中有

一尊巨大的印度教主神毗湿奴的神像。阿都卡夫清真寺修建于19世纪末，其外观风格华丽，是新加坡最具特色的清真寺。锡克教寺庙是新加坡锡克教徒们的聚集地，寺庙里的祈祷堂圆顶直径为13米，收藏有锡克教的圣书。

下午 乌节路→土生华人坊→DFS Galleris Scottswalk→SCAPE

沿街商厦林立的乌节路是新加坡最高档的购物街区，汇集了众多世界知名的品牌。土生华人坊所在的街区曾经是东南亚一带经商致富的土生华人聚居区，沿街的店屋式洋楼华美典雅，距今已有百余年历史。世界著名的DFS免税集团旗下的DFS Galleris Scottswalk是每个追求时尚的人来到新加坡后不可错过的地方。位于文华购物廊后方的SCAPE是一处集购物、餐饮、娱乐等多功能于一体的复合式休闲空间，这里不仅有各种购物、美食场所，还有表演场地、录音间、联谊中心、电台、舞蹈学校、唱片公司等场所。

夜晚 乌节夜市

乌节夜市是新加坡夜晚最热门的娱乐休闲地之一。每到夜晚，乌节路都会亮起五彩缤纷的霓虹灯，伴随着各种知名与不知名的乐队演奏，游客可以品尝到各种新加坡特色美食，还可以喝到冰凉的啤酒和果汁。

DAY 3

上午 苏丹清真寺→巴梭拉街→亚拉街→白沙浮购物广场→马来传统文化馆

苏丹清真寺建于19世纪初，其独特的洋葱式金色圆顶在阳光照耀下颇为醒目，是新加坡最壮丽的清真寺。巴梭拉街充满浓郁的伊斯兰风情，沿街两侧色彩缤纷的店屋内售卖各种银饰、丝绸和蜡染布、竹编和藤制品等工艺品。亚拉街同样充满伊斯兰风情，曾经是马来人王国苏丹和贵族居住的地方，沿街的建筑华美典雅，林立着众多店铺，其中香水店的香水均为天然香料制成。由新加坡传统店屋群组成的白沙浮购物广场屋顶全部由玻璃屋顶遮挡，是一条颇受年轻人喜爱的休闲购物街。马来传统文化馆由古甘榜格南王宫改建而成，是一幢东南亚地区广为流行的伊斯兰风格建筑，其巨大的金色圆顶颇为醒目。

下午 宝塔街→牛车水原貌馆→新加坡佛牙寺龙华院→阿尔阿布拉清真寺→丹戎巴葛保留区

宝塔街是牛车水最著名的三条道路之一，因街口的印度教寺庙立有高耸的塔楼而得名，是一条随处可见路边摊贩的街道。牛车水原貌馆最初是一座三层的旧式洋楼，馆内通过大量资料反映了华人移民过去的生活状态。新加坡佛牙寺龙华院拥有高近百米的巨大佛牙塔，供奉有珍贵的佛牙舍利。阿尔阿布拉清真寺的建筑一律都采用红砖瓦砌成，外观非常朴素平凡。丹戎巴葛保留区曾经是运输港口货物上岸的主要通道，现今依旧保留有中药铺、茶坊、木屐店、书法店等老式店铺。

夜晚 穆罕默德苏丹路酒吧一条街

穆罕默德苏丹路酒吧一条街是新加坡夜晚最繁华热闹的街道之一，汇集了众多不同风格、不同文化氛围的酒吧，吸引了众多年轻人在夜晚来到这里尽情释放自己的激情和青春活力。

上午 鱼尾狮像塔→音乐喷泉→新加坡海底世界→亚洲大陆最南端→西乐索炮台

鱼尾狮像塔是圣淘沙岛上最著名的景点，塔内还收藏了诸多珍宝供人参观。音乐喷泉是圣淘沙岛上的名景，每天黄昏时分高低起伏的水流会在音乐的伴奏下翩翩起舞，还有激光照射在水幕上。新加坡海底世界是东南亚最大的海洋馆，可以看到形态各异的海洋生物和精彩的动物表演，在触摸池还可以亲自触摸它们。亚洲大陆最南端位于巴拉湾海滩的一个小岛上，岛上最醒目的地方就是一座观景台，虽然只有三阶却是这里作为亚洲大陆最南端的标志。由英国殖民者建造的西乐索炮台是新加坡现存的军事要塞中保存最为完好的一个，各种古老的大炮保存完好，游客们在这里可以了解炮台的传奇历史。

下午 新加坡环球影城

位于圣淘沙名胜世界内的新加坡环球影城是全世界第四座环球影城，共分为纽约、好莱坞、古埃及、科幻城市、遥远王国、马达加斯加和失落的世界七个主题区域。环球影城内所有的游乐项目和景观都取材自热门电影，是一个充满梦幻色彩的主题娱乐城。

夜晚 克拉码头

克拉码头曾经是大量仓库和旧式店屋聚集的码头，现今则是众多酒吧和餐厅汇集的休闲娱乐区，夜幕降临后亮起的点点灯火充满浪漫气氛，是新加坡情侣约会的热门地点。

上午 武吉知马自然保护区

以新加坡最高山峰武吉知马山为中心的武吉知马自然保护区占地约160公顷，拥有广阔的热带原始雨林。这里除了大片森林外，还有众多珍稀的野生动物，是人们亲近大自然的绝佳去处。

下午 金沙空中花园→滨海湾金沙购物商城

位于金沙酒店楼顶的金沙空中花园地处200米的高空，这里最大的特色就是其无边界的户外游泳池，在游泳的同时还可一览周围的迷人风光。滨海湾金沙购物商城拥有80万平方米的

购物空间，长长的购物街两侧林立着300多家专卖店，其中不乏世界知名品牌，可在这里享受精致的购物之旅。

夜晚 到樟宜机场，起程踏上归途

新加坡
攻略HOW

Part.1 新加坡行政区

新加坡行政区是新加坡的政治中枢，这里拥有大量外观典雅的英国殖民时期建筑，漫步其间仿佛置身欧陆，充满浪漫古典风情。

新加坡行政区特别看点！

第1名！ 市政厅！

100分！

★见证新加坡的历史，远东地区最古老的荷兰建筑之一！

第2名！ 福康宁公园！

90分！

★新加坡最著名的休闲公园，最大的室外表演场所之一！

第3名！ 莱佛士城！

75分！

★高端消费者的天堂，新加坡最繁华的购物休闲地！

01 市政厅 100分！ 赏

见证新加坡的历史 ★★★★★

建于1929年的新加坡市政厅是由当时的政府耗资200万元修建而成，被当时的《新加坡宪报》誉为"全国性的纪念碑"，同时也是远东地区最古老的荷兰建筑之一。外观优雅的市政厅见证了新加坡众多历史上的重要时刻，如1945年英国接受日本投降，1965年李光耀宣布新加坡独立等重大事件均发生在这里，是新加坡迈向自治、独立的议会共和制的重要里程碑。

Tips

3 St. Andrew's Road 乘地铁在政府大厦站B出口出站后步行5分钟即可到达

02 最高法院

新加坡的地标性建筑之一

赏 ★★★★

毗邻新加坡市政厅的最高法院建成于1939年，是新加坡晚期英国殖民风格建筑的代表之一，其青铜色的圆顶早已成为新加坡的标志性建筑之一。最高法院山形墙壁上的浅浮雕由意大利艺术家Calvalieri Rudolfo Nolli设计，描绘了正义女神惩恶扬善的故事，象征着法院的公正与无私。

1 St.Andrew’s Road 乘地铁在政府大厦站B出口出站后步行大约5分钟即可到达

03 旧国会大厦

新加坡首次国会会议举办地

赏 ★★★★

由乔治·科尔曼设计建造的旧国会大厦建于1827年，是新加坡最古老的殖民时代政府建筑，在新加坡独立后作为国会大厦，首届新加坡国会会议就在这里举行。现今由于新国会大厦建成使用，旧国会大厦更名为旧国会大厦艺术之家，设有小型电影院、音乐厅、黑盒子剧场等一系列高科技展览厅，为人们展示了国内外艺术家所创造的现代视觉艺术。

1 Old Parliament Lane 乘地铁在政府大厦站B出口出站后步行5分钟即可到达

必玩

Restaurant 1827 Thai

旧国会大厦内的美味料理

Restaurant 1827 Thai位于旧国会大厦内，餐厅大门外装饰着暹罗国王赠送给新加坡的青铜雕像，内部大量采用红色装饰，并悬挂有金黄色的帷幕和新加坡古典吊灯，充满雍容华贵的宫廷氛围。在参观旧国会大厦之余，游人不妨来这里品尝正宗的泰国美食。

04 新闻及艺术部大厦

充满艺术感的古典主义风格建筑

新加坡新闻及艺术部大厦是一幢具有浓郁新古典主义风格的建筑，这里最初是英国殖民统治时期的禧街警察局，在1998年被列为新加坡国家历史文物，大厦最吸引人的是外墙上近千扇色彩斑斓、错落有致的七彩百叶窗，与大厦外墙一同构成一幅极具美感的绚丽画卷。现今在新闻及艺术部大厦内开有多家画廊，展示了来自世界各地的艺术品，充满强烈的艺术表现力。

Tips

3 St. Andrew’s Road 乘地铁在政府大厦站B出口出站后步行5分钟即可到达

05 圣安德烈大教堂

新加坡最古老的教堂

赏 ★★★★

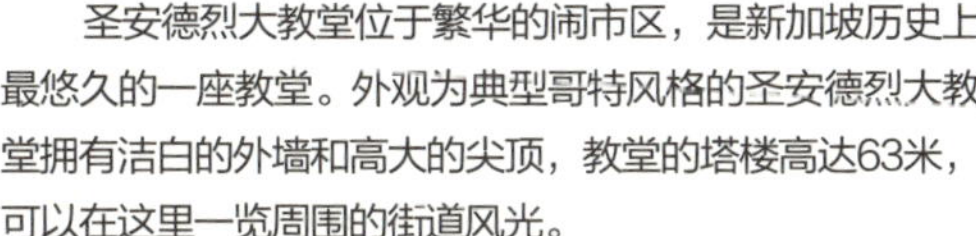

圣安德烈大教堂位于繁华的闹市区，是新加坡历史上最悠久的一座教堂。外观为典型哥特风格的圣安德烈大教堂拥有洁白的外墙和高大的尖顶，教堂的塔楼高达63米，可以在这里一览周围的街道风光。

Tips

11 St. Andrew’s Road　乘地铁在政府大厦站B出口出站后步行大约5分钟即可到达　65-63376104

06 亚美尼亚教堂

华美的维多利亚式建筑

赏 ★★★★

Tips

60 Hill Street　乘地铁在政府大厦站B出口出站后步行大约10分钟即可到达

19世纪初期来到新加坡的亚美尼亚移民为纪念圣人格里高利而修建的亚美尼亚教堂历史悠久，是一幢外观华美的维多利亚式建筑，其圆弧造型和白色的外墙充满神圣庄严的气氛。亚美尼亚教堂内的装饰朴素大方，许多器物都是教堂建立之初就一直摆放至今，而教堂后的墓地除了新加坡的亚美尼亚族群后裔，也有众多历史名人安眠于此。

07 新加坡艺术博物馆

东南亚第一座国际标准艺术博物馆

71 Bras Basah Road 乘地铁在政府大厦站A出口出站后步行10分钟即可到达 65-63323222 ¥3新元

1996年开馆的新加坡艺术博物馆是东南亚地区第一座国际标准的艺术博物馆，其前身是新加坡神甫Jean Marie Beurel在1852年创立的St. Joseph's教会，现今辟为博物馆后在二层依旧保留有当年教会的礼拜堂。新加坡艺术博物馆内共收藏了超过6500件艺术品，其中众多东南亚地区的艺术品颇为别致，不可错过。

08 新加坡国家博物馆

新加坡最大最古老的博物馆

拥有百年历史的新加坡国家博物馆属新加坡国立博物馆之一，是新加坡最大、最古老的博物馆，也是最具创新精神的博物馆。博物馆创立初期仅是新加坡公共机构中图书馆的一部分，几经变革后，于1887年成为了一个独立而永久存在的场所，以展示新加坡历史为主。2003年博物馆闭馆整修，3年后恢复开放，增设了3个展览厅，分别为历史馆、文化生活馆和临展厅。新馆具有浓厚新古典主义的建筑风格，并以其无与伦比的建筑外形成为新加坡博物馆中的佼佼者。该博物馆将现代科技融入历史展览品中，通过视觉、听觉和触觉共同传达历史信息，还通过举办各式独具挑战性和充满活力的节目和活动彰显自己的与众不同。它以全新的设计理念、先进又丰富多彩的方式，向人们述说着新加坡的历史，诠释着传统博物馆的崭新内涵。

93 Stamford Road 乘地铁在多美歌站B出口出站后步行10分钟即可到达 65-63323659 ¥10新元

09 福康宁公园

90分!

新加坡最著名的休闲公园

70 River Valley Road 乘地铁在多美歌站A出口出站后步行5分钟即可到达 65-63321

福康宁公园是新加坡最著名的休闲公园，其前身是英国殖民统治新加坡时修建的军事基地，现今公园内依旧有大量保存完好的防御工事。此外在公园内还有一座博物馆，收藏展示了自英国统治以来在这里被发掘出来的历史文物，同时还有不少“二战”期间的军用物品。福康宁公园还是新加坡最著名的室外表演场所之一，吸引了无数演艺明星来此表演。

必玩 香料园

福康宁公园内最著名的景点

香料园是福康宁公园内最著名的景点，园内种植的花草树木多是用来制作各式香料的植物，此外也有大量珍稀植物，非常值得观赏。

10 碉堡

“二战”时英军的军事指挥中心

赏 ★★★★

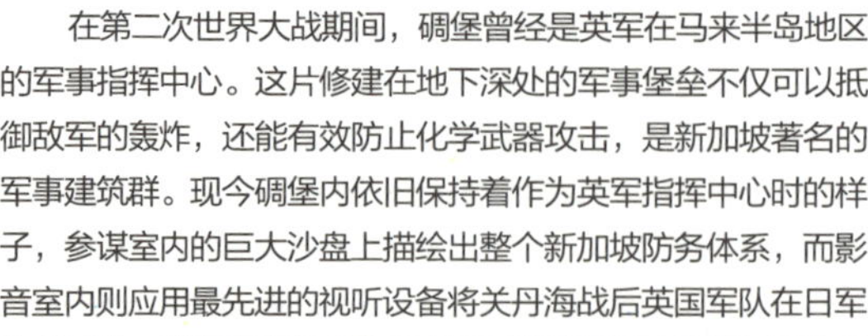

在第二次世界大战期间，碉堡曾经是英军在马来半岛地区的军事指挥中心。这片修建在地下深处的军事堡垒不仅可以抵御敌军的轰炸，还能有效防止化学武器攻击，是新加坡著名的军事建筑群。现今碉堡内依旧保持着作为英军指挥中心时的样子，参谋室内的巨大沙盘上描绘出整个新加坡防务体系，而影音室内则应用最先进的视听设备将关丹海战后英国军队在日军攻击下的一路溃败和1942年2月15日清晨日军攻陷新加坡的情形淋漓尽致地再现出来。

51 Canning Rise Singapore 179872 乘地铁在多美歌站出站后步行10分钟即可到达 ¥ 8新元

11 狮城大厦

新加坡最早的现代购物广场之一

★★★★

68 Orchard Road 乘地铁在多美歌站D出口出站后即可到达 ☎ 65-63329298

狮城大厦建成于1974年，是新加坡最早兴建的现代购物广场之一。这里拥有开阔的中庭，游客在设于中庭的购物广场和超市购物之余，也可在众多美味餐厅和咖啡店小憩片刻，或是去顶层附设的电影院与游戏厅放松娱乐一番。大厦建成至今一直是深受新加坡年轻人喜爱的假日购物休闲娱乐场所。

12 新加坡总统府

新加坡的总统官邸

🏠Orchard Street 🚇乘地铁在多美歌站出站后步行1分钟即可到达 ¥新加坡公民和永久居民免费，外籍游客1新元

距今已有150年历史的新加坡总统府名为Istana，在马来语中为“皇宫、宫殿”之意。这里曾经是英国皇室戒备森严的官邸。最与众不同的是，这个庄重威严的总统府却闹中取静地选在了新加坡最繁华、最热闹的乌节路上。总统府主楼是一座白色三层塔楼式建筑，四周有雕刻精美的柱子环绕，极富古典韵味，这座华丽而壮观的建筑汇集了多种设计风格，形成了其简洁但不失庄重华丽的独特格局。为了让更多的民众了解总统府，自1995年起总统府定期对公众开放，无论是建筑内的现代化建设，还是室外的观赏园地，都让人们大开眼界。这里不但是总统和其他新加坡领导人办公和参加重要国事活动的场所，而且更是一个巨大的植物园。自然观赏区面积多达100公顷，其内大片的园林种植了许多极为罕见的稀有植物。人们在观赏各种鸟类、昆虫和人工景观的同时，还可以了解总统府的历史。

13 齐智庙

新加坡最具代表性的印度教寺庙之一

建于1984年的齐智庙是新加坡最具代表性的印度教寺庙之一。这座由富商集资兴建的寺庙前立有23米高的牌楼，上面雕刻有印度教诸神，是一座具有南方风格的印度教寺庙。在齐智庙内，每逢印度教的节日庆典，信徒们都会斋戒庆祝，苦行者扛着木拱到达齐智庙后，由祭司将针签拔掉，再用“圣灰”擦伤口，场面十分隆重。

🏠15 Tank Road 🚇乘地铁在多美歌站出站后步行3分钟即可到达 ☎65-62274891

14 释迦牟尼菩提迦耶千光寺

新加坡最大的佛教寺庙

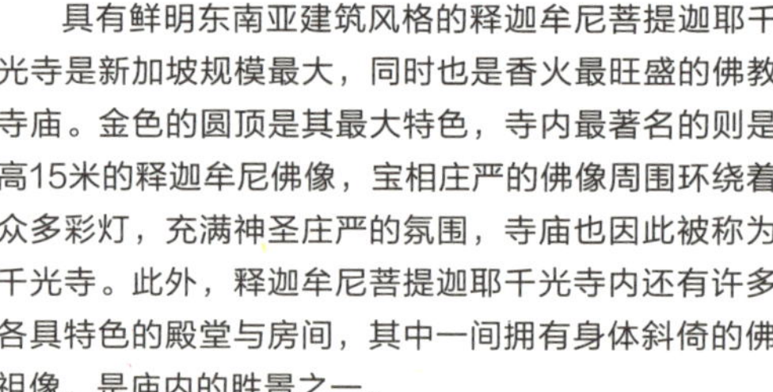

具有鲜明东南亚建筑风格的释迦牟尼菩提迦耶千光寺是新加坡规模最大，同时也是香火最旺盛的佛教寺庙。金色的圆顶是其最大特色，寺内最著名的则是高15米的释迦牟尼佛像，宝相庄严的佛像周围环绕着众多彩灯，充满神圣庄严的氛围，寺庙也因此被称为千光寺。此外，释迦牟尼菩提迦耶千光寺内还有许多各具特色的殿堂与房间，其中一间拥有身体斜倚的佛祖像，是庙内的胜景之一。

Tips

366 Race Course Road Singapore 乘地铁在多美歌站出站后步行大约30分钟即可到达

15 土生华人博物馆

全世界第一家东南亚土生华人博物馆

土生华人博物馆又被称为娘惹博物馆，其前身是道南学校的校舍，是全世界第一家以东南亚视角全方位展示土生华人物品和生活文化的博物馆。土生华人博物馆内除了有大量高质量的珍贵藏品外，还通过各种图片等资料向游人介绍土生华人的独特文化，并将众多传奇向参观者娓娓道来，使其沉浸在别具特色的东南亚文化中。

Tips

39 Armenian St. Singapore 179941 乘地铁在政府大厦站B出口出站后步行大约15分钟即可到达 65-63327591

16 莱佛士城

高端消费者的天堂

莱佛士城建于莱佛士书院的旧址上，由于其地理位置优越，地处新加坡最繁华的历史旅游观光区，因而不论平日还是假日都是人流熙攘。莱佛士城林立着众多装饰奢华的国际一线品牌专卖店，以及大型连锁商店和书店、体育用品商店、音像店、玩具店和美容店等商家。此外这里还有多家美味的餐厅和五星级酒店，是新加坡最繁华的购物逛街休闲之地。

Tips
252 North Bridge Road 乘地铁在政府大厦站A出口出站后即可到达 65-64332238

17 城联广场

新加坡规模最大的地下商业街

Tips
1 Raffles Link 乘地铁在政府大厦站出站后即可到达 65-63399913

作为新加坡第一条地下商业步行街，城联广场同时也是全新加坡规模最大的购物街，全长7公里的步行街两侧林立着众多商家。伴随着旋律优美的背景音乐，可以尽情享受假日悠闲的逛街休闲，而众多别具特色的商家和精品服饰也令购物狂欲罢不能，堪称购物一族的天堂。

新加坡攻略

新加坡行政区

18 福南科技与资讯广场

新加坡最大的IT产品集散地 ★★★★

109 North Bridge 乘地铁在政府大厦站B出口出站后步行5分钟即可到达 65-63368327

福南科技与资讯广场共有上百家商店，其中不乏Panasonic、Nikon、Sony、Canon的专营店，是全新加坡顶尖的规模最大的IT产品集散地。除了品类繁多的IT产品外，福南科技与资讯广场还设有美食坊、书店和休闲区等，可以逛街休闲，享受美食，颇受年轻人青睐。

19 赞美广场

享受新加坡的浪漫夜晚 ★★★★★

赞美广场曾经是19世纪中叶修建的圣婴耶稣的修道院，1904年新加坡各界神职人员募集善款扩建了修道院，成为现今呈现在游人面前的哥特式建筑。现今赞美广场被改建成为一处美食休闲区，648根高大的科林斯式廊柱间遍布艺廊和精品店，教堂前还有喷泉，每到夜晚各国美食风味餐厅与酒吧都是灯火辉煌的景象，充满浪漫气氛。

30 Victoria Street 乘地铁在政府大厦站出站后步行5分钟即可到达 65-63361818

20 和平纪念碑

新加坡和谐与繁荣的标志

为纪念“二战”中无辜死难的新加坡平民而修建的和平纪念碑于1967年2月15日揭幕。和平纪念碑位于美芝路纪念公园内，纪念碑主体是高近百米的四根白色尖柱，代表着四大民族，是新加坡多元文化的象征和国家繁荣和谐的标志。此外，和平纪念碑毗邻的和平纪念馆内展示有大量“二战”期间日军暴行的史料和图片，再现了日军残暴侵略时期的历史。

Tips

War Memorial Park，Beach Road 乘地铁在政府大厦站出站后步行5分钟即可到达

21 电力站

旧建筑改建成的当代艺术中心

由旧建筑改建成艺术中心的电力站是新加坡唯一一处当代艺术中心，这里有各式各样先锋派的表演和独特的艺术展品。在电力站不仅可以亲身体会当代艺术的独特魅力，还可以欣赏各种精彩的舞台表演和极具思考性的小众电影，在热闹喧嚣的现场氛围中感受人生百态。

Tips

45 Armenian Street 乘地铁在政府大厦站出站后步行10分钟即可到达 65-63377535

22 MINT玩具博物馆

全世界第一座玩具主题博物馆

2006年5月建成的MINT玩具博物馆地处新加坡市中心，是一幢五层高的现代建筑，同时也是全世界第一座玩具主题博物馆。馆内展示有从19世纪中期至20世纪中期这100年来总计超过5万件的世界各国玩具，其中不乏珍贵的“希望之门”玩具，也有很多早已失传的古老玩具，是一处颇受游客欢迎、可唤起人们童年回忆的怀旧博物馆。

Tips

26 Seah Street 乘地铁在政府大厦站C出口出站后步行5分钟即可到达 65-63390660 10新元

23 集邮博物馆

东南亚第一座现代化集邮博物馆

238 Coleman Street 乘地铁在政府大厦站C出口出站后步行5分钟即可到达 ¥ 2新元

集邮博物馆位于新加坡市中心一幢有近百年历史的维多利亚式古建筑内。其前身是英华学校的校舍，被辟为博物馆后，收藏有从19世纪至今的大量新加坡邮票、首日封、邮票设计原稿、印样和世界上其他180多个国家和地区的邮票，是整个东南亚地区第一座现代化的集邮博物馆，吸引了来自世界各地的集邮爱好者。

24 善特主教座堂

新加坡历史最悠久的天主教堂

历史悠久的善特主教座堂建于1843年，是新加坡教区大主教的驻留地，同时也是新加坡历史最悠久的一座天主教教堂。外观典雅大方的善特主教座堂融合了欧洲众多建筑流派的特点，大门外立有当时罗马教皇的铜像，而哥特式的尖塔更是教堂的标志。每年圣诞节、复活节等天主教节日期间，善特主教座堂都会聚集众多天主教教徒举行各种庆祝活动，规模盛大。

Queen Street 乘地铁在政府大厦站出站后步行10分钟即可到达

新加坡
攻略HOW

Part.2 新加坡河

全长4公里的新加坡河是新加坡的母亲河，乘船在蜿蜒流淌的河中观光，可以看到河畔林立着很多古老典雅的旧建筑。位于新加坡河河口的鱼尾狮公园是新加坡的标志与象征。

新加坡河 特别看点！

第1名！ 鱼尾狮公园！

100分！

★新加坡面积最小的公园，新加坡的国家标志与象征！

第2名！ 新加坡河！

90分！

★贯穿新加坡的母亲河，新加坡唯一的一条河流！

第3名！ 莱佛士登陆遗址！

75分！

★莱佛士最初上岸的地方，新加坡贸易发展的起点。

01 新加坡河 90分！

贯穿新加坡的母亲河

Tips

 乘地铁在莱佛士坊站出站后步行5分钟即可到达

蜿蜒流淌的新加坡河贯穿整个城市，是新加坡唯一的一条河流，也是新加坡的母亲河。最初来到新加坡的移民都靠这条河水维生，总长4公里的新加坡河是人工开凿而成的运河，两岸林立着众多拥有百年历史的老建筑，游人可以乘坐驳船欣赏沿河的风景，或是在岸边沿河游览，在观光之余也可在河畔的餐厅和咖啡屋小憩。

02 加文纳桥

新加坡唯一的悬索桥

★★★★ 

Tips

Cavenagh Bridge 乘地铁在莱佛士坊站H出口出站后步行5分钟即可到达

历史悠久的加文纳桥是新加坡唯一一座悬索桥，这座建于1868年的桥梁最初为了纪念爱丁堡公爵来访，桥名也被命名为爱丁堡桥，之后又以当时的殖民地总督加文纳的名字命名为加文纳桥。迄今已有150年历史，是新加坡现存最古老的桥梁之一。现今的加文纳桥不仅美观，而且当夜幕降临时桥身还会发出缤纷璀璨的灯光，营造出令人沉醉的浪漫氛围。

03 鱼尾狮公园

新加坡面积最小的公园

★★★★ 

Tips

Merlion Park 乘地铁在莱佛士坊站H出口出站后步行5分钟即可到达 65- 67362200

位于新加坡河河畔的鱼尾狮公园面积只有71平方米，是新加坡面积最小的公园。园内屹立在新加坡河河口处的鱼尾狮像高8米，其狮头鱼身的形象早已经成为新加坡的标志和象征。此外，通体洁白如玉的鱼尾狮像还会从口中喷出清水，与园内不远处另一座同样会喷水的小鱼尾狮像相映成趣，吸引了众多游人慕名而来。

04 阿卡夫桥

卡通风格的美丽桥梁

专供行人通行的阿卡夫桥五颜六色的桥身颇具特色，这座卡通风格的桥梁也因而成为新加坡河上的一道亮丽风景线。除了欣赏色彩鲜艳的桥身外，每到日落黄昏时，站在阿卡夫桥上还可以一览新加坡河两岸的美丽风景，是感受这座现代化城市独特魅力的绝佳地点之一。

Alkaff Bridge 乘地铁在克拉码头站C出口出站后步行5分钟即可到达

05 安德森桥

新加坡最后修建的大铁桥

Tips

Anderson Bridge 乘地铁在莱佛士坊站H出口出站后步行10分钟即可到达

建于1910年的安德森桥是新加坡最后修建的大铁桥，这座外观优雅大方的桥梁横跨新加坡河两岸，充满工业时代的独特魅力。游人站在安德森桥上，不仅可以欣赏新加坡河的迷人风光，也可远眺四周的现代化城市风景，鳞次栉比的摩天大楼和夜晚璀璨绚丽的迷人灯光，以及作为新加坡标志的鱼尾狮像都令人印象深刻。

06 驳船码头

新加坡最初的贸易原点

Tips

Boat Quay 乘地铁在莱佛士坊站H出口出站后步行5分钟即可到达

已有百余年历史的驳船码头曾经是新加坡贸易中心的发源地，最繁盛的时候新加坡贸易的三分之一都在这里进行，堪称新加坡发展演变的见证者。现今的驳船码头则是新加坡最受欢迎的娱乐美食聚集地，沿河的仓库早已改建成餐厅和酒吧，每到夜晚这里都是灯火辉煌，热闹非凡。

07 陈氏宗祠

历史悠久的宫殿式建筑

Tips

15 Magazine Road 乘地铁在莱佛士坊站出站后换乘出租车即可到达

陈氏宗祠又名保赤宫，是新加坡陈氏宗族祭拜先人和举行重大活动的一处中国传统宫殿式建筑。陈氏宗祠天井的旁门上悬挂着描述陈氏先祖舜帝事迹的影雕，不仅线条生动优美，而且借舜帝的故事宣扬中国传统儒家“孝悌忠信、礼义廉耻”的价值观。此外，在陈氏宗祠内还有一幅巨大的匾额，讲述了陈氏家族与姚、虞、胡、袁、田、孙、陆等七姓家族的渊源。

08 维多利亚剧院及音乐厅

纪念维多利亚女王

维多利亚剧院建于1862年，曾经是英国殖民期间修建的新加坡市政厅，毗邻的音乐厅则是为纪念维多利亚女王，于1905年修建的，1906年修建音乐厅钟楼的时候两幢建筑连为一体，成为一幢华丽的维多利亚风格建筑。游人参观剧院及音乐厅不仅可以领略百年前日不落帝国的风采，同时也可欣赏音乐厅内新加坡交响乐团的精彩演出。此外，在剧院前的广场上还立有一尊莱佛士青铜像。

Tips

9 Empress Place 乘地铁在莱佛士坊站出站后步行10分钟即可到达

09 克拉码头

感受浪漫的新加坡夜生活

Tips

N3 River Valley Road 乘地铁在克拉码头站C出口出站后步行5分钟即可到达 65-63373292

克拉码头地处新加坡河河畔，其前身是大量仓库和旧式店屋聚集的码头，现今克拉码头被改建成众多酒吧和餐厅汇集的休闲娱乐区。旧时脏乱的货运码头早已不见，取而代之的则是每天夜幕降临后亮起的点点灯火。各国风味料理餐厅、酒吧和经营旧唱片、手工艺品的摊贩汇集在这里，是新加坡情侣约会的热门地点，同时也吸引了众多游客来这里感受浪漫的新加坡夜生活。

10 亚洲文明博物馆皇后坊分部

规模庞大的亚洲艺术展馆

Tips

1 Empress Place 乘地铁在莱佛士坊站出站后步行10分钟即可到达 65-63322982 ¥10新元

亚洲文明博物馆皇后坊分部位于新加坡河河畔，是亚洲文明博物馆的两座分馆之一。馆内拥有印度、中国、东南亚和伊斯兰世界等不同主题的展厅，汇集了种类繁多的珍贵藏品。置身其中，可以领略亚洲各国不同地区和民族的独特文明与生活传统，尽情享受一次难得的亚洲文明之旅。

11 莱佛士登陆遗址

90分!

莱佛士最初上岸的地方

赏

被新加坡人尊为国父的莱佛士于1819年来到新加坡，现今在新加坡各地均有众多以莱佛士命名的建筑，而位于新加坡河河口东岸的莱佛士登陆遗址则是1819年莱佛士最初登陆新加坡的地方。从这里开始，新加坡成为亚洲第一个自由贸易港，并逐渐经历了现代化的发展进程。莱佛士登陆遗址现今立有英国著名雕刻家兼诗人乌尔纳设计的一尊莱佛士爵士铜像，周围有文艺复兴风格的花坛和喷水池。

Tips

59 Boat Quay 乘地铁在莱佛士坊站出站后步行10分钟即可到达

12 珍宝海鲜楼

新加坡知名的海鲜酒楼

1987年开业的珍宝海鲜楼是新加坡首屈一指的海鲜酒楼，餐厅结合新加坡当地与中国香港的饮食风格，推出精致的海鲜料理，在新加坡美食大赛中连续荣获多项大奖。游人在克拉码头观光之余不妨来这里品尝用斯里兰卡螃蟹，加入辣椒酱汁拌炒制成的辣椒螃蟹等大受欢迎的招牌美味。

30 Merchant Road，#01-01/02 Riverside Point 乘地铁在克拉码头站C出口出站后步行5分钟即可到达
65-65323435

13 红灯码头

新加坡最热门的休闲娱乐地 ★★★★ 

百年前是新加坡重要货运码头的红灯码头因码头引航的红灯而得名，现今则改建成为一处新加坡热门的休闲娱乐场所，且在码头内依旧停泊着一些小型游船。夜幕降临后，可以乘坐华丽的中国帆船夜游新加坡河，迎着舒适的海风一览码头周围的浪漫美景。

70 Collyer Quay，#01-31 Clifford Pier Singapore 乘地铁在莱佛士坊站H出口出站后步行5分钟即可到达

14 穆罕默德苏丹路酒吧一条街

感受新加坡最热闹的夜生活 ★★★★ 

作为新加坡夜晚最繁华热闹的街道之一，穆罕默德苏丹路酒吧一条街汇集了众多不同风格、不同文化氛围的酒吧。其中最具特色的就是那些红墙黄瓦、门口高悬黑底金字匾额、挂着大红灯笼的中式风格酒吧，其独特的中国魅力吸引了众多游客。此外，穆罕默德苏丹路酒吧一条街也有大量风格狂野的酒吧，变幻莫测的光影和喧嚣的音乐吸引了众多年轻人在夜晚来到这里尽情释放自己的激情和青春活力。

Mohammad Sultan Road Bar Street 乘地铁在克拉码头站E出口出站后换乘32、54、139、195号公交车，在UE Square站下车后步行5分钟即可到达

新加坡
攻略HOW

Part.3 滨海湾

滨海湾地区是新加坡填海造地的产物，汇集众多商业、观光、娱乐项目于一体，夜幕降临后更是灯火辉煌，成为新加坡一处风光迷人的休闲娱乐区！

滨海湾 特别看点！

第1名！ 滨海艺术中心！

100分！

★新加坡首屈一指的艺术表演地，全新的新加坡地标！

第2名！ 新加坡摩天观景轮！

90分！

★全世界最大的摩天轮之一，新加坡的旅游标志！

第3名！ 新达城！

75分！

★风水大师指点修建的商业建筑，新加坡商业建筑奇迹！

01 滨海艺术中心

100分！

新加坡首屈一指的艺术表演地

★★★★ 娱

由4000多片玻璃组成屋顶遮阳罩的滨海艺术中心外观仿佛榴莲一般，是新加坡首屈一指的艺术表演场地，同时也是新加坡新兴的标志性建筑之一。滨海艺术中心内最负盛名的就是音乐厅，此外还建有剧院、演奏厅、排练室、图书馆和户外表演空间等设施，可以欣赏到多种类型的文化艺术表演。

Tips

1 Esplanade Drive 乘地铁在政府大厦站出站后即可到达

65-68288222

02 滨海堤坝

新加坡建筑工程的一大奇迹

★★★★ 逛

耗资2.2亿新元修建的滨海堤坝由9道冠状钢闸组成，能将海水与滨海内湾有效分开，使滨海湾地区免受水患威胁，被誉为新加坡建筑工程的一大奇迹。规模宏伟的滨海堤坝还是新加坡人喜爱的散步野餐好去处，周围建有亲水游乐区、永续新加坡展览馆、餐厅等休闲娱乐设施。

Tips

8 Marina Gardens Drive 乘地铁在滨海湾站出站换乘400号公交车即可到达 65-65145959

03 滨海广场

新加坡最大的购物休闲娱乐中心

★★★★ 买

规模庞大的滨海广场是新加坡最大的购物休闲娱乐中心，也是最受新加坡人喜爱的购物中心之一，这里拥有超过200家商店经营电子器材、流行服饰、运动用品等。此外，在滨海广场还可以品尝日本、韩国、中国、泰国、印度尼西亚等不同国家和欧洲地区的美味料理，以及品类丰富多样的新加坡当地小吃。

Tips

6 Raffles Boulevard 乘地铁在政府大厦站出站后步行10分钟即可到达 65-63398787

04 双螺旋桥

螺旋状的滨海湾新地标大桥 ★★★★

2010年开通的双螺旋桥连接滨海艺术中心与滨海湾，是滨海湾地区的地标建筑。这座大桥采用两条不锈钢钢索在半空相互缠绕，再用支柱稳定骨架，拉出一条长280米、宽6米的弧形桥梁，充满未来感。双螺旋中的内螺旋用于支撑遮阳的多孔玻璃和不锈钢网状天篷，不锈钢表面可产生绚丽的夜晚照明效果。此外，大桥上还设有五座观景平台，可以从不同角度观赏附近的壮美景色。

6 Raffles Boulevard　乘地铁在政府大厦站出站后步行10分钟即可到达

05 新加坡摩天观景轮

90分!

玩

全世界最大的摩天轮之一 ★★★★

高165米的新加坡摩天观景轮建于2008年，由东京知名建筑师黑川纪章与新加坡缔博建筑师事务所合作设计，是全世界规模最大的摩天观景轮之一。现今已经成为新加坡旅游标志的这座大摩天轮可以让游客欣赏新加坡滨海湾的美丽风光，尤其在日落时分，晚霞映红天空，还可欣赏夕阳沉入海面的美景，深受情侣欢迎。

30 Raffles Avenue　乘地铁在政府大厦站出站后步行10分钟即可到达　65-63349621　¥29.5新元

06 新加坡F1大奖赛

夜幕下进行的城市F1 ★★★★ 娱

新加坡F1大奖赛的赛道位于新加坡滨海湾区，由于地处新加坡商业和古迹集中地，因而无法修建专门赛道，而是选择如摩纳哥赛道一般在比赛期间将城市的街道作为赛道。狭窄的街巷与极致的速度形成鲜明对比，紧张激烈的比赛场面令人血脉偾张。此外，新加坡F1大奖赛还是全世界唯一的夜间街道赛，灯火辉煌的赛道和四周璀璨的灯光相映成辉，吸引了全世界赛车迷的目光。

Tips

Marila Bay 乘地铁在政府大厦站出站即可到达 65-67314982

07 新达城

75分!

风水大师指点修建的商业建筑 ★★★★ 逛

1984年时任新加坡总理的李光耀邀请11位香港富商联合投资修建的新达城，是一处由风水大师指点，有五幢高楼环绕喷泉的商业中心，集金融、观光、购物及娱乐等功能于一体。新达城建筑面积65万平方米，自1997年开业至今已经成为一处新加坡商业建筑的奇迹，吸引无数游人慕名而来。

Tips

3 Temasek Boulevard 乘地铁在政府大厦站出站后步行5分钟即可到达 65-62952888

必玩01 财富之泉

新达城正中的财富之泉

财富之泉位于新达城正中，由4根高耸的青铜柱顶起一枚直径21米的巨大圆环，圆环下是水柱达14米高的喷泉，环绕四周的是新达城的五栋办公楼，据风水大师说可聚敛财气。在财富之泉四周，每晚都会有多媒体声光表演，场面非常壮观。

必玩02 RISIS Gift Gallery

最受游客欢迎的镀金胡姬花

早在1976年，RISIS Gift Gallery就用新加坡最具代表性的新鲜胡姬花做材料，制作出精巧雅致的镀金胡姬花饰品，不论别针、项链、盘饰或裱框等艺术品都充满新加坡特色，是新加坡最受游客欢迎的代表性纪念品。

必玩03 新达城购物中心

全方位的吃喝玩乐

新达城购物中心共分为雅丽廊、热带区、喷泉平台和娱乐区四大主题区，有近300家商店分布于走廊两侧，在这里可以买到名牌服饰、珠宝、CD等品类繁多的商品，购物之余也可在餐厅或酒吧小憩片刻，或是去附设的影院欣赏一场最新上映的电影，堪称一座吃喝玩乐全方位的休闲娱乐城。

必玩04 文东记

新加坡闻名的海南鸡饭

1979年开业的文东记以新加坡最有名的海南鸡饭而闻名，其鸡肉滑嫩鲜香，拥有大批粉丝。位于新达城喷泉平台的文东记分店不仅味美价廉，而且交通方便，深受游客欢迎。

08 鸭子船

水陆两栖观光车浏览新加坡

鸭子船从新达城出发，是新加坡独有的水陆两栖观光车，全程用时60分钟。观光车会先由陆地经过市政厅、最高法院和圣安德烈大教堂等行政区景点，之后会在滨海艺术中心的码头下水。游人可以在船上欣赏鱼尾狮公园、浮尔顿酒店等景点，别有一番风情。

Tips

Galleria 乘地铁在政府大厦站出站后步行3分钟即可到达 65-63333825 ¥ 33新元

09 河马车

新加坡都市观光车

与鸭子船同样是游客游览新加坡重要交通工具的河马车是一辆敞篷的双层巴士，分为白天和夜晚两种不同的观光线路，白天河马车分为City Hippotours和Heritage Hippotours两条线路，会沿途经过行政区、小印度区、牛车水、甘榜格南和乌节路，夜晚的河马车则会经过鱼尾狮公园、新加坡河、滨海艺术中心、新达城、乌节路，同时车上还配有导游为游客沿途讲解。

Tips

Galleria 乘地铁在政府大厦站出站后步行3分钟即可到达 65-63386877 ¥ 白天成人23新元，儿童13新元，4岁以下免费；夜间成人33新元，儿童17新元，4岁以下免费

10 美年广场

设计新奇的金字塔式购物广场 ★★★★

由国际知名建筑师菲利普·约翰逊所设计的“美年广场”是一座金字塔下的购物空间。“想要看新奇的建筑物，就到新加坡”，看到美年广场您就会明白这句话的含义了。美年广场的屋顶由15个金字塔构成，这些金字塔呈一字排开，气势惊人。这样的设计迫使人们想进去看看里面到底是个什么样子，也算是吸引购物者的一个方法。顶端为镂空的设计，使得这里光线很明亮，有一种童话般的气息。广场内有各类精品的旗舰商店，名牌手表的展示廊简直是手表发烧友的朝圣地。此外，时代广场里有各类美味佳肴，可以品尝到各国的料理。知名牛排馆“奥拜客牛排馆”会让你大饱口福，而德国的“普拉纳啤酒屋”也能让你品尝到地道的慕尼黑啤酒，让酒类爱好者大呼过瘾。

Tips

9 Raffles Boulevard 乘地铁在政府大厦站出站后步行5分钟即可到达 65-68831122

新加坡
攻略HOW

Part.4 滨海湾金沙

耗资55亿美元修建的滨海湾金沙由美国知名建筑师Moshe Safdie设计，拥有酒店、娱乐场、博物馆、餐饮购物城、空中花园等，是新加坡最豪华的综合娱乐度假胜地！

滨海湾金沙 特别看点！

第1名！

金沙空中花园！

100分！

★无边界的户外游泳池，最引人注目！

第2名！

滨海湾金沙娱乐场！

90分！

★全世界顶级的奢华赌场之一！

第3名！

滨海湾金沙购物商城！

75分！

★乘坐小船游览购物街，享受别样的购物乐趣！

01 滨海湾金沙酒店

设计奢华的建筑奇迹

★★★★ 住

有一种说法，“想要看新奇的建筑物，就到新加坡”。位于新加坡滨海湾的金沙酒店由拉斯维加斯金沙集团修建，由三幢55层高的大楼呈“川”字形排列，共拥有2560间豪华客房，是新加坡最豪华壮观的酒店。金沙酒店的中庭摆放了大量名为“升林”的陶质艺术品，周围分布着酒店的餐厅和商店，一派繁华。

Tips

10 Bayfront Avenue 乘地铁在宝龙坊站下  65-66880206

02 金沙空中花园

100分！ 赏 ★★★★

200米高的空中花园

位于金沙酒店楼顶的金沙空中花园地处200米的高空，栽植了大量花草树木，最引人注目的就是这里无边界的户外游泳池，可在游泳的同时一览周围的迷人风光。此外，还设有公共观景台，可360度自由观看新加坡的滨海风光和对岸金融区的摩天大楼。

Tips

10 Bayfront Avenue　乘地铁在宝龙坊站下
65-66888868　¥20新元

03 滨海湾金沙娱乐场

90分！ 娱 ★★★★

规模庞大的世界顶级赌场

位于金沙酒店正前方的滨海湾金沙娱乐场内采用无梁柱挑高设计，四周环绕着四层楼高的特别席，正中悬有全世界最大的水晶吊灯，这座重7.1吨的吊灯高6.4米，共镶满132000颗施华洛世奇水晶。娱乐场内设有600张赌桌和1500台老虎机，有轮盘、21点、百家乐以及视频扑克等不同玩法，贵宾特区则拥有完全隐私的空间，还能享受24小时美食和顶级服务，堪称全世界顶级的奢华赌场之一。

Tips

10 Bayfront Avenue　乘地铁在宝龙坊站下

04 水晶阁

多姿多彩的夜生活

10 Bayfront Avenue　乘地铁在宝龙坊站下

金沙酒店的水晶阁外观宛若一朵绽放的莲花，拥有众多世界级夜店与剧院，是体验缤纷多彩夜生活的绝佳地点。这里除了有各种光影交织、灯红酒绿的夜店，也有举世闻名的百老汇歌剧表演，其中百老汇最为知名的歌剧之一《狮子王》更是从2011年3月起在这里常驻表演。

游客还可以到水晶阁岛的LV旗舰店一览，这里作为LV全球最大的旗舰店之一，其空间设计由PETER MARINO亲自操刀，相当时尚优雅。航海主题的水晶阁让游客饱览海上美景，带来焕然一新的娱乐休闲体验，来这里观赏日落、吹一吹海风也是极好的。

05 滨海湾金沙购物商城

75分!

奢华的购物商城

★★★★

滨海湾金沙购物商城拥有80万平方米的购物空间，长长的购物街两侧林立着300多家专卖店，其中不乏BALLY、CHANEL、GUCCI、PRADA、YSL、HUGO BOSS、LV等国际知名的时尚品牌，Polo Ralph Lauren更是在这里开设了东南亚第一家奢华精品店，此外也有Anne Fontaine、Escada、Marisfrolg等年轻人喜爱的流行品牌入驻。购物之余，游人也可在商城内的室内运河乘坐小船游览购物街，享受别样的购物乐趣。

Tips

10 Bayfront Avenue 乘地铁在宝龙坊站下

新加坡
攻略HOW

Part.5 浮尔顿历史文化区

浮尔顿历史文化区毗邻莱佛士坊，100多年前是货运繁忙的进出口码头，现今则汇集众多古老的旧建筑和全新的休闲娱乐场所，成为新加坡最受欢迎的夜生活休闲娱乐区之一。

浮尔顿历史文化区 特别看点

第1名！

浮尔顿历史文化区！

100分！

★古老与摩登交相辉映，新加坡最受欢迎的夜生活娱乐休闲区之一！

第2名！

一号浮尔顿！

90分！

★可欣赏滨海美景的露天美食中心，欣赏浪漫的新加坡夜景！

第3名！

浮尔顿酒店！

75分！

★新加坡邮政总局改建而成的古典酒店，全世界最好的酒店之一！

01 一号浮尔顿 90分！

滨海露天美食中心 ★★★★ 吃

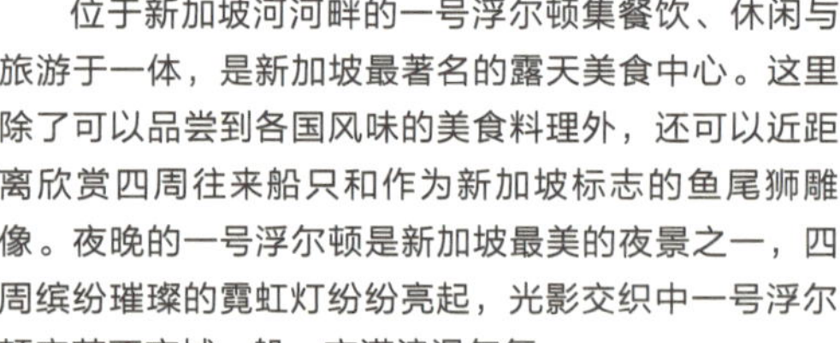

位于新加坡河河畔的一号浮尔顿集餐饮、休闲与旅游于一体，是新加坡最著名的露天美食中心。这里除了可以品尝到各国风味的美食料理外，还可以近距离欣赏四周往来船只和作为新加坡标志的鱼尾狮雕像。夜晚的一号浮尔顿是新加坡最美的夜景之一，四周缤纷璀璨的霓虹灯纷纷亮起，光影交织中一号浮尔顿宛若不夜城一般，充满浪漫气氛。

Tips

1 Fullerton Road 乘地铁在莱佛士坊站H出口出站后步行5分钟即可到达

02 浮尔顿历史文化区

100分!

古老与摩登交相辉映

逛

Tips

乘地铁在莱佛士坊站下

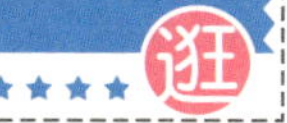

浮尔顿历史文化区毗邻莱佛士坊，100多年前，这里还曾经是货运繁忙的进出口码头，当时的新加坡邮政总局和船只补给站也位于附近。现今这处古老的海港码头繁华依旧，众多古老的旧建筑和全新的休闲娱乐场所相互映衬，摩登时尚与古老历史在这里交相辉映，成为新加坡最受欢迎的夜生活休闲娱乐区之一。

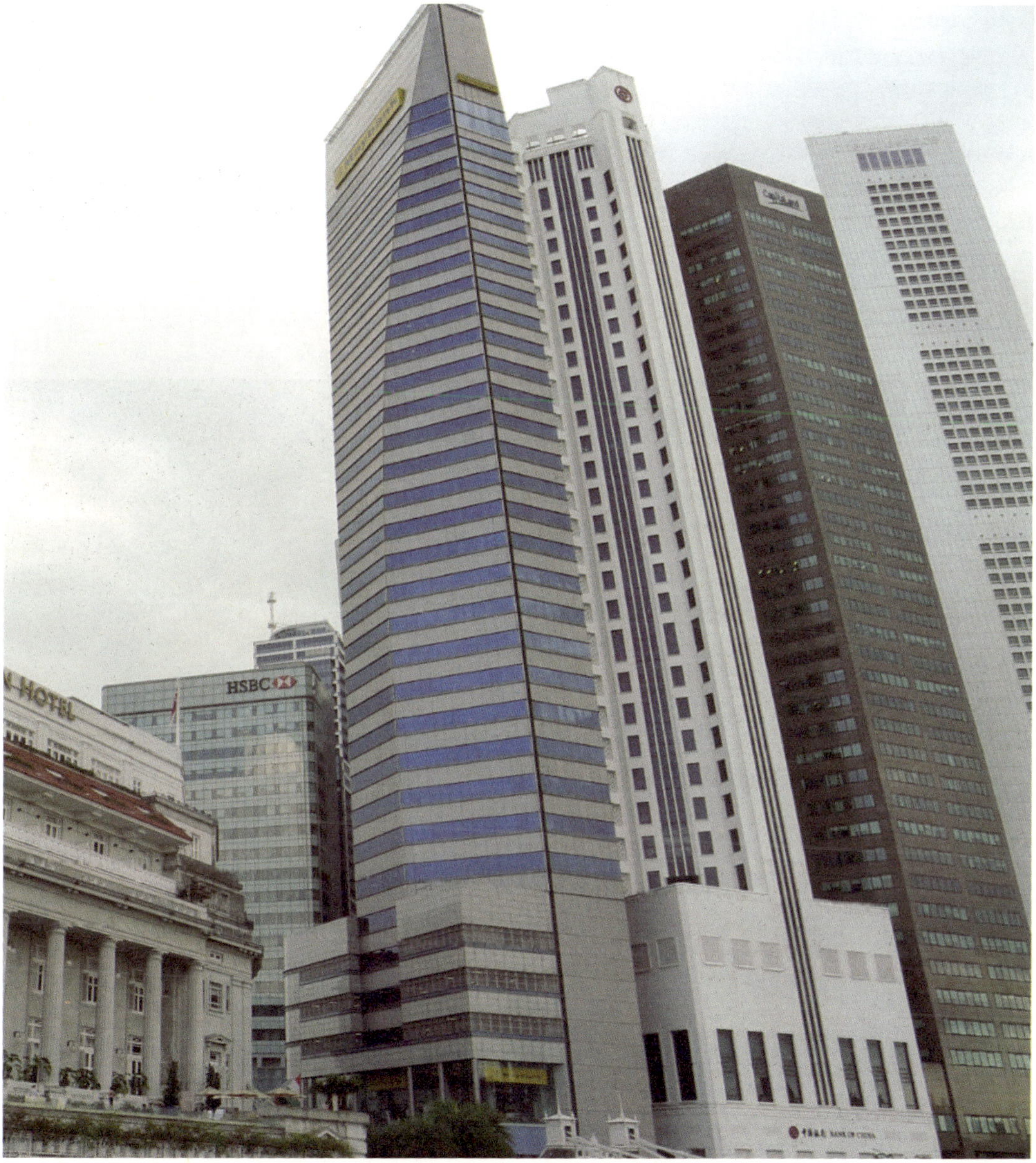

03 浮尔顿酒店

旧新加坡邮政总局改建的古典酒店

前身为浮尔顿大厦的浮尔顿酒店是一个集简朴、舒适、高贵等特质于一身的五星级精品酒店。传统悠久的新古典建筑风格和得天独厚的地理位置使这里成为众多游人的焦点目标。酒店位于市民区的黄金地段，与新加坡繁华的滨水娱乐地带相邻，文化活动胜地维多利亚剧院以及维多利亚音乐会堂也在其左右，距离主要的购物区也只有几步的距离。这家拥有几百间豪华客房的酒店成功地融合了新老文化，为商务人士和休闲者提供了无与伦比的世界级住宿体验。自酒店开业以来，曾获多项殊荣，2005年更是被评为“新加坡最佳酒店”，位居亚洲区域第三名。浮尔顿独特的外观令世人惊叹，宏伟高耸的希腊式圆柱，庄重典雅，重新修饰改装之后，酒店更是突显了古希腊和罗马新建筑风格相融合的独特风采，成为酒店中的经典之作。

1 Fullerton Square　乘地铁在莱佛士坊站H出口出站后步行5分钟即可到达　65-67338388

04 浮尔顿水船楼

旧船只补给站改建的餐厅

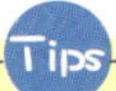

吃 ★★★★

Tips
3 Fullerton Road 乘地铁在莱佛士坊站下

毗邻浮尔顿酒店的浮尔顿水船楼地处新加坡河河口，其前身是建于1919年的船只补给站。这座白色的建筑现今被改建成为一家口碑极佳的高级法式餐厅——Le Saint Julien，深受新加坡政商名流的欢迎。在这里用餐，享用美酒佳肴之余，还可欣赏窗外的滨海风光，感受新加坡的百年风华。

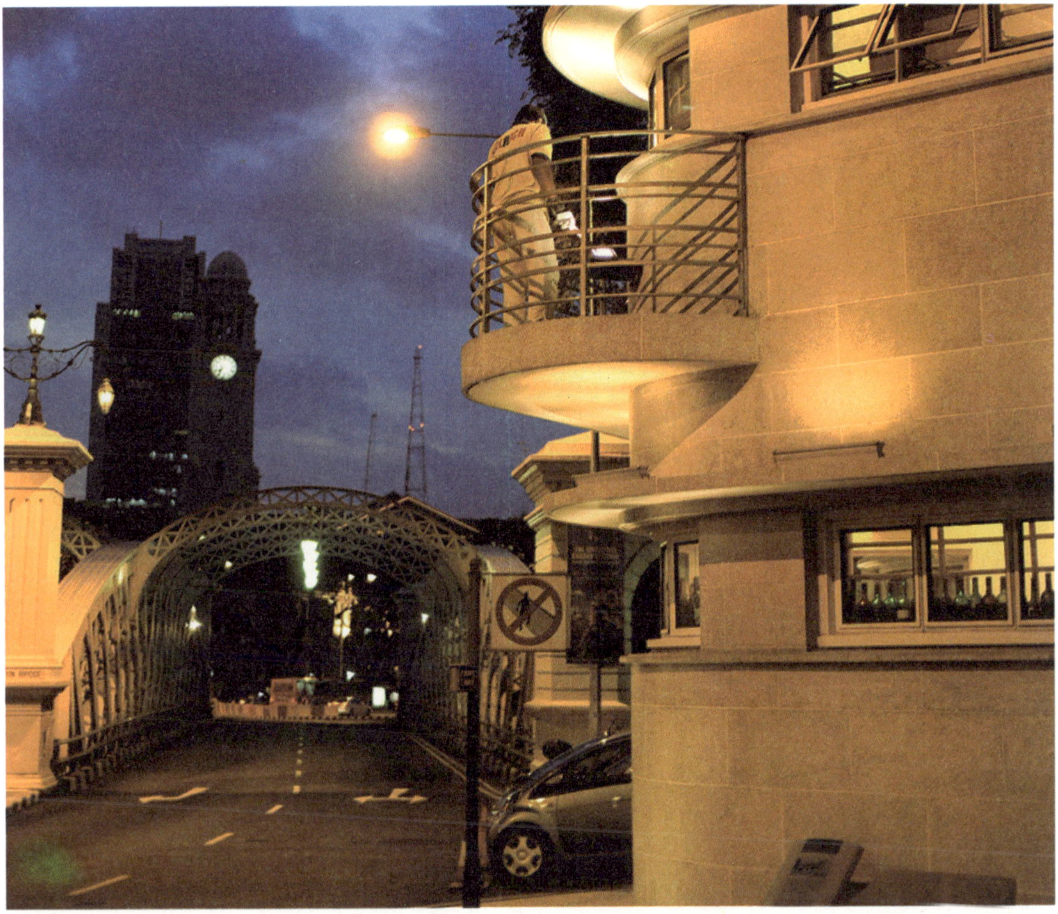

05 海关大楼

夜生活休闲区

娱 ★★★★

Tips
乘地铁在莱佛士坊站下

建成于20世纪60年代的新加坡海关大楼强调简约与功能性，即使已有半世纪的历史，依旧颇具现代感。现今，海关大楼已经成为一处汇集了酒吧、餐厅、夜店的繁华夜生活休闲区，每到夜晚这里都是灯火交织，美酒佳肴荟萃一堂，颇受商务人士欢迎。

新加坡
攻略HOW

Part.6 武吉士

以金黄色的苏丹清真寺为标志的武吉士街地处武吉士商圈，附近除了繁华热闹的购物广场外，最吸引游人目光的是甘榜格南历史保留区，沿街大量的伊斯兰风格建筑和商家是这里最大的特色。

武吉士 特别看点！

第1名！马来传统文化馆！

★由王宫改建而成的博物馆，可了解马来人的传统文化习俗！

第2名！莱佛士酒店！

★新加坡的国家级地标酒店，装饰奢华，设计风格独特！

第3名！亚拉街！

★伊斯兰风情街，香水不可错过！

01 马来传统文化馆 100分！

王宫改建的博物馆

★★★★ 赏

由旧甘榜格南王宫改建而成的马来传统文化馆是一幢东南亚地区广为流行的伊斯兰风格建筑，其巨大的金色圆顶颇为醒目。马来传统文化馆内分为9个展厅，通过各种珍贵文物、文字资料和艺术品向游人介绍了马来人在新加坡的历史文化，领略这个民族独特的风俗。此外，在马来传统文化馆内还介绍有新加坡电影的历史，在文化馆外的广场则经常举行各种精彩的文艺演出。

Tips

85 Sultan Gate 乘地铁在武吉士站B出口出站后步行大约10分钟即可到达 65-63910450 ¥3新元

02 白沙浮市场

热闹的小型街头购物区

★★★★

229 Victoria Street　乘地铁在武吉士站A出口出站后步行5分钟即可到达

白沙浮市场在19世纪初期曾经是商人、船员和娼妓活跃的一处混乱街区，现今这里沿街两侧林立着数百家经营小吃、果汁、饰品、纪念品、T恤的商家，是新加坡少有的街头购物区之一。每年冬季榴莲成熟时，白沙浮市场还会弥漫着榴莲的味道，堪称一条榴莲之街。

03 白沙浮购物广场

玻璃屋顶下的传统店屋群

★★★★

由新加坡传统店屋群组成的白沙浮购物广场有上百家商家，经营少女服饰、项链DIY、个性T恤和玩偶等商品，此外也有咖啡店和美食街，是一条颇受年轻人喜爱的休闲购物街。白沙浮购物广场最大的特色就是其顶部全部由玻璃屋顶遮挡，内部由空调吹送冷气，游人不必担心风吹日晒就可以在三座大楼间任意穿梭，享受逛街购物的悠闲乐趣。

200 Victoria Street　乘地铁在武吉士站C出口出站后即可到达　65-63348831

04 Iluma

结合娱乐概念的大型购物商场 ★★★★

Iluma不同于新加坡众多购物商城，它是一处结合娱乐概念的全新购物商场。其采用全世界首创的水晶网饰装置使上千个隐藏灯泡的光穿透，使得建筑外观呈现蜂窝造型，散发着不同光芒。在Iluma内除了众多商家外，还设有卡拉OK、综合游乐场Tornado和电影院等休闲娱乐设施。屋顶庭院还有三家美味餐厅，购物之余可在这里享受美食，欣赏美景。

201 Victoria Street　乘地铁在武吉士站C出口出站　65-68359249

05 马海阿布犹太教教堂

新加坡犹太人的信仰中心 ★★★★

建于19世纪的马海阿布犹太教教堂不仅是新加坡国内犹太人的信仰中心，同时也是整个东南亚地区历史最悠久的犹太教教堂。马海阿布犹太教教堂是一幢融合了犹太教传统风格和维多利亚时代特色的建筑，其宏大的内部空间充满庄严、肃穆的氛围，可了解犹太教在新加坡的发展和成就。此外，犹太教信徒在教堂内举行的庆典仪式有时也允许游客参观，如果有幸遇到不要错过。

24 Waterloo Street　乘地铁在武吉士站出站后步行大约5分钟即可到达

06 克里斯南寺

百年历史的印度教寺庙 ★★★★

克里斯南寺是新加坡印度教教徒的信仰中心，这座已有百年历史的印度教寺庙色彩缤纷，拥有众多千奇百怪的印度教人物雕塑。克里斯南寺最大的特色就是这里不同于一般印度教寺庙，在庙门口供桌上设有香炉，经常可以看到捧香参拜的香客，堪称一大奇观。

152 Waterloo Street 乘地铁在武吉士站A出口出站后步行5分钟即可到达

07 观音堂佛祖庙

被列为历史标志的佛教古寺 ★★★★

建于1884年的观音堂佛祖庙毗邻克里斯南寺，是整个新加坡华人的信仰中心，这座古老的寺院充满中国传统建筑特色，寺内收藏有古朴庄严的佛像和美轮美奂的佛教壁画。寺中的主神十八手观音每过十年都会举办镀金仪式，以及每年农历除夕和春节期间寺院内都会人流熙攘，盛况空前。此外，观音堂佛祖庙的签诗内容是中英文对照书写，别具特色。

152 Waterloo Street 乘地铁在武吉士站A出口出站后步行5分钟即可到达

08 森林大厦

新加坡规模最大的IT中心 ★★★★

汇集众多IT电子产品的森林大厦又名森林广场，是全新加坡规模最大、产品最全的著名IT中心。同中国国内IT卖场类似的是，森林大厦商家众多，经营的商品质量也是良莠不齐，而大部分商品价格比起国内也没有多少优势。如果不是对自己眼光很有信心，或是遇到国内罕见的品牌与型号，最好不要盲目出手。

1 Rochor Road 乘地铁在武吉士站A出口出站后步行5分钟即可到达 65-63383859

09 喜园咖啡店 吃

品尝新加坡传统早餐与下午茶 ★★★★

中国海南的移民于1841年抵达新加坡后大多在当地英国家庭担任管家或厨师，掌握了英国人烘焙糕点和煮咖啡的技巧。现今，在新加坡的咖啡店就可以品尝到由这些海南移民传承下来的海南式咖啡和咖椰烤面包，不仅新加坡本地人喜欢当早餐和点心，很多游客也会慕名品尝。

37 Beach Road #01-01　乘地铁在政府大厦站C出口出站　65-63368813

10 莱佛士酒店 90分!

新加坡的国家级地标酒店 ★★★★

建于1887年的莱佛士酒店以奢华的装饰和独特的设计风格而闻名，在20世纪80年代，莱佛士酒店被正式列为新加坡的国家级古迹，有“全球最佳下榻地”之称。莱佛士酒店外观典雅，挑高的酒店大堂光线明亮，四周的家具与装饰无不流露出维多利亚时代的奢华风格，充满丰富的历史内涵与独特韵味。伊丽莎白二世女皇、毛姆、吉卜林、伊丽莎白·泰勒、迈克尔·杰克逊等人曾下榻过该酒店。

Tips

1 Beach Road　乘地铁在政府大厦站C出口出站后步行5分钟即可到达　65-63371886

必玩01 Long Bar

来新加坡不可错过的“新加坡司令”

莱佛士酒店内的Long Bar是国际知名的“新加坡司令”这款鸡尾酒的发源地。几乎每一个来到新加坡的游客都会慕名来到这间酒吧，叫上一杯用金酒、菠萝汁、樱桃白兰地、柠檬汁混合调制而成的“新加坡司令”，然后细细品味，感受这里独特的热带风情。值得一提的是，在Long Bar内有一个独特的习惯，就是吃剩的花生壳可以直接丢在地上，在新加坡可谓非常特殊。

必玩02 莱佛士酒店购物廊

高雅的购物之旅

莱佛士酒店购物廊有40余家国际知名品牌入驻。游客可在白色拱廊间漫步，并在酒店提供的购物专员介绍下，流连于LV、Tiffany&Co.、Georg Jensen或Aigner这些时尚名品之间，就连购物血拼也变得仿佛如19世纪的英国贵族般高雅。购物之余，游人也可在喷泉旁小憩片刻，驻足欣赏这里的热带美景。

11 哈芝巷

古老风情的饮食文化街

★★★★

狭窄的哈芝巷是新加坡最著名的饮食文化街之一，也是新加坡最具古老风情的街道之一。漫步在这里的青石板路上，可以看到两侧的各种特色商店，许多古老的布店和香水店已经经营了百年之久，幽静典雅的氛围让人仿佛回到旧日时光。开罗咖啡座是一家经营阿拉伯地区风味的饭店，品尝过这里的风味佳肴之后，再喝上一杯特制的土耳其咖啡更让人回味无穷。这里的香水店出售的香水味道独特，无论是香茅、肉桂、丁香等都是难得的佳品，因为其中不含酒精，香味更能保持长久。哈芝巷两侧的街道上布满了各种涂鸦，这些洋溢着浓厚草根色彩的图画，是青年们表达心声的最佳方式，也给这条古老的街道增添了一层现代色彩。

Tips

Haji Lane 乘地铁在武吉士站B出口出站后步行大约10分钟即可到达

12 巴梭拉街

伊斯兰风情的街道

★★★★

充满浓郁伊斯兰风情的巴梭拉街是新加坡一条著名的旅游购物街，街道上铺砌着红色地砖，沿街两侧的椰子树随风摇曳，一派热带风情令人沉醉。巴梭拉街沿街两侧的建筑设计雅致，色彩缤纷的店屋内经营着各种银饰、丝绸和蜡染布、竹编和藤制品等工艺品，深受游客欢迎。

Tips

Bussorah Street 乘地铁在武吉士站B出口出站后步行大约10分钟即可到达

必玩 Jamal Kazura Aromnatics

伊斯兰风情浓郁的巴梭拉街上有多家经营阿拉伯香水的店铺，其中Jamal Kazura Aromnatics还提供为客人量身定做专属香水的服务。游人在这家装饰古色古香的店铺内选择自己喜欢的香味后，就可以得到专属于自己的香水，作为礼物或带回家馈赠亲朋都是绝佳选择。

13 亚拉街

75分!

伊斯兰风情街

★★★★ 买

Arab Street 乘地铁在武吉士站B出口出站后步行大约5分钟即可到达

亚拉街是一条伊斯兰风格的特色街道，这里的特别之处在于东南亚伊斯兰风格的奇妙商品。这条街道是旧时苏丹及其贵族们居住的地方，因此建筑虽然没有宏伟的气势，却具有华美典雅的风格。亚拉街上的店铺众多，出售的布料、桌垫、印度尼西亚蜡染布、地毯、抱枕等家居用品众多，既有鲜艳的纱丽式饰品，也有风轻云淡的素雅衣物，这里还有手机套和卡包，让拥有者获得强烈的专属感。东南亚的藤具是这里的名品，色彩鲜艳、种类众多。此外，无论是儿童玩具，还是家居用品都有着强烈的异域风情。亚拉街的香水店出售由天然香料制成的香水，清香淡雅的味道给人一种宁静致远的氛围，独特的圆形香水瓶也是上好的装饰品。

14 苏丹清真寺

●●● 新加坡最壮丽的清真寺 ★★★★

Tips
3 Muscat Street 乘地铁在武吉士站B出口出站后步行大约10分钟即可到达 65-62934205

苏丹清真寺建于19世纪初，是一幢典型的东南亚风格的清真寺，扩建时改为现今呈现在游人面前的撒拉逊风格建筑。其独特的洋葱式金色圆顶在阳光照耀下颇为醒目，是新加坡最壮丽的清真寺，同时也是新加坡伊斯兰教教徒的信仰中心。

15 峇里巷

●●● 新加坡最短的悠闲小巷 ★★★★

11B Ali Lane 乘地铁在武吉士站B出口出站后步行大约10分钟即可到达 65-62923800

堪称全新加坡最短的峇里巷拥有成排的绿荫，街道另一侧的店屋则布满各式涂鸦，每到傍晚沿街小店门外的露天座位都会坐满用餐的客人。可以在这里享用各国风味的美味料理，同时还能欣赏各种音乐或抽水烟，享受新加坡别具特色的悠闲夜生活。

新加坡
攻略HOW

Part.7 中央商业区

摩天大楼林立的新加坡中央商业区汇集了众多现代化的高层建筑和百货商场，是一处集展览、金融、会议、购物、观光和娱乐于一身的综合性商务圈，同时也是新加坡最现代化的商业区，充满现代大都会的独特魅力。

中央商业区特别看点！

第1名！
新加坡中央商业区！

★摩天大楼汇集的综合性商务圈，新加坡最现代化的商业区！

第2名！
市区重建陈列馆！

★了解新加坡的城市发展历程，一览城市全景！

第3名！
老巴刹！

★新加坡规模最大的小吃中心，品尝美味的小吃！

01 新加坡中央商业区 100分!

●●● 摩天大楼汇集的商务圈 ★★★★ 逛

新加坡中央商业区汇集了众多摩天大楼和百货商场，是一处集展览、金融、会议、购物、观光和娱乐于一身的综合性商务圈，同时也是新加坡最现代化的商业区，充满现代大都会的独特魅力。在中央商业区除了鳞次栉比的摩天大楼外，也有优雅的花园和大片绿色的草坪，不负其“花园之国”的美誉。

Tips
Shenton Way 乘地铁在莱佛士坊站出站后即可到达

02 市区重建陈列馆

●●● 了解新加坡的城市发展历程

★★★★ 赏

新加坡市区重建陈列馆拥有三层楼的展示空间，通过视频、文字、图片等资料及互动式介绍，展现出新加坡在土地利用和自然文化保护方面做出的种种努力，让游人形象直观地了解新加坡的城市发展历程。此外，值得一提的是，在市区重建陈列馆内，还有一处100平方米的建筑模型和巨幅航拍照片，使人们无须登高就可一览新加坡的城市全景。

45 Maxwell Road 乘地铁在丹戎巴葛站F出口出站后步行5分钟即可到达 65-63218321

03 远东广场

●●● 以阴阳五行理念设计的购物休闲广场

★★★★

将直落亚逸街、克罗士街、中国街和北京街围在一起的远东广场充满中国风水阴阳五行的设计理念，拥有众多餐厅、咖啡店、纪念品店、书店、庙宇等。以广场正中的厦门街为主，远东广场内保留了大量古老的店屋，古老与现代相互融合，成为颇受年轻人喜爱的休闲娱乐购物广场。

32 Pekin Street,#04-01 Far East Square 乘地铁在莱佛士坊站H出口出站后步行10分钟即可到达 65-65327868

04 麦士威熟食中心

美味小吃汇集的市场

Maxwell Road 乘地铁在丹戎巴葛站B出口出站后步行5分钟即可到达

麦士威熟食中心是一处颇受欢迎的美食中心，这里拥有大量新加坡华人经营的美味小吃，其中不乏一些每天都排着长长队伍的人气商家。如“天天海南鸡饭”就是这里不可错过的一道美味，肉质滑嫩鲜香的鸡肉和香气诱人的米饭拥有大批粉丝，绝对不可错过。

05 亚坤咖椰吐司

品尝新加坡最受欢迎的传统早餐

亚坤咖椰吐司店内可以品尝到新加坡人喜爱的传统早餐——咖椰吐司，吐司用炭火烘烤，之后涂上鸡蛋和椰奶，再搭配上一份半生鸡蛋和咖啡或奶茶。这种早餐不仅当地人爱吃，很多来新加坡的观光客也慕名品尝，是感受新加坡当地传统饮食文化的一次美好体验。

Tips

18 China Street 乘地铁在莱佛士坊站H出口出站后步行10分钟即可到达 65-64383638

06 老巴刹

新加坡规模最大的小吃中心

老巴刹建于1984年，是一幢拥有美丽铸铁雕饰、屋顶建有钟塔的维多利亚风格建筑。最初老巴刹是一座传统菜市场，现今则改建为新加坡规模最大的小吃中心，在这里可以品尝到肉骨茶、福建薄饼、鱼头米粉、福建炒虾面和各式南洋冰品等美味小吃，众多游客都慕名来到这空气中都弥漫着浓郁香气的小吃中心大快朵颐。

Tips

18 Raffles Quay　乘地铁在莱佛士坊站F出口出站后步行10分钟即可到达

新加坡
攻略HOW
GOODWOOD PARK

Part.8 乌节路

位于新加坡中心位置的乌节路是新加坡最繁华热闹的旅游购物街，沿街两侧林立着高楼大厦，规模不一的百货公司随处可见，此外还有众多餐厅，是购物狂最爱的时尚购物街。

乌节路 特别看点！

第1名！ 土生华人坊！

100分！

★典雅华美的华人洋楼建筑群，新加坡颇具规模的历史古建筑群！

第2名！ 乌节夜市！

90分！

★新加坡夜晚最热门的娱乐休闲地，感受别样的新加坡夜生活！

第3名！ 良木园酒店！

75分！

★殖民风格的典雅酒店，美轮美奂的白色高塔和拱廊！

01 土生华人坊 100分！

典雅华美的华人洋楼建筑群

★★★★ 赏

土生华人坊所在的街区在20世纪初是东南亚一带经商致富的土生华人聚居区，沿街的店屋式洋楼华美典雅，已有百余年历史，是新加坡一处颇具规模的历史古建筑群。现今这些洋楼大多被改为餐厅、酒吧或咖啡屋，在逛街欣赏之余，也可走入其中小憩片刻，从内到外仔细欣赏这些融合了当地马来建筑风格和中国传统古建筑特点的洋楼。

Tips

Emerald Hill 乘地铁在索美塞站B出口出站后步行大约5分钟即可到达

02 先得坊

新加坡规模最大的购物广场之一

★★★★

历史悠久的先得坊深受当地居民欢迎，是新加坡规模最大的购物广场之一。除了众多平价服饰和生活用品外，先得坊内还有许多年轻人喜爱的时尚名牌入驻，眼镜、服饰、家居用品、IT电子产品、运动器材、中东地毯、艺术品、古董和各色手工艺品等应有尽有。

176 Orchard Road　乘地铁在索美塞站B出口出站后步行大约3分钟即可到达　65-67379000

03 威士马广场

年轻人喜爱的时尚购物天堂

★★★★

威士马广场内汇集了超过100家精品商店，除了Nine West、Typo、Fcuk、Lovisa等时尚品牌专卖店外，还有伊势丹百货店、海伦精品店、波特国际时尚箱包店等，NIKE还在这里设立了新加坡第一家旗舰店。总之，这里是一处深受年轻人喜爱的时尚购物天堂。此外，威士马广场内还有大量美食餐厅，可在购物逛街之余品尝美味料理。

Tips

435 Orchard Road　乘地铁在乌节站D出口出站后即可到达　65-62352103

04 麒麟大厦

深受年轻人喜爱的购物圣地 ★★★★

260 Orchard Road 乘地铁在索美塞站B出口出站后步行大约10分钟即可到达 65-67334725

外观现代的麒麟大厦充满时尚韵味，在名牌林立、商场遍地的乌节路上，麒麟大厦因最新最时髦的休闲生活概念深受年轻人喜爱。在麒麟大厦内的HMV音乐CD唱片行可以找到各种类型的音乐专辑，甚至许多早已绝版的唱片专辑也可以在这里找到。此外，麒麟大厦内还有大量经营青少年流行服饰的商家，还可以设计自己中意的首饰样式，是追求时尚潮流的年轻人不容错过的一处淘宝地。

05 Bengawan Solo Cake Shop

品尝正宗美味的娘惹糕点

Bengawan Solo Cake Shop的老板娘Tjendri Anastasia来自印度尼西亚，由于热爱制作糕点，于1973年创立了这家娘惹糕点店，迄今已有45年历史，是新加坡颇为知名的一家正宗娘惹糕点店。在Bengawan Solo Cake Shop内最受欢迎的就是千层糕和Lapis Sagu，不要错过。

Tips

176 Orchard Road　乘地铁在索美塞站B出口出站后步行大约3分钟即可到达　65- 67346641

06 邵氏大厦

超大规模的新加坡地标商厦

邵氏大厦共有10层，是一座集美食、购物、影视、办公于一体的现代化综合大厦。邵氏大厦内汇集了以伊势丹商场为主的购物城，拥有八座放映厅的丽都影城也位于邵氏大厦的顶层，电影院的墙壁上是一排手绘电影海报，颇受电影爱好者青睐。

Tips

350 Orchard Road　乘地铁在乌节站C出口出站后步行大约5分钟即可到达　65-62351150

07 义安城

●●● 新加坡最大的购物中心之一

义安城共分7层，是一处融合了东西方不同建筑风格的购物广场，此外还有新加坡国家图书馆的分馆，别具特色。在义安城内最引人注目的就是这里的CHANEL、BALLY、BURBERRY、FENDI等世界知名品牌的专卖店，此外整个东南亚地区最大的LV旗舰店也入驻这里。这些装饰奢华的店面吸引了众多追求时尚生活品位的购物狂来这里淘宝扫货。

391 Orchard Road 乘地铁在乌节站C出口出站后步行大约5分钟即可到达 65-67381111

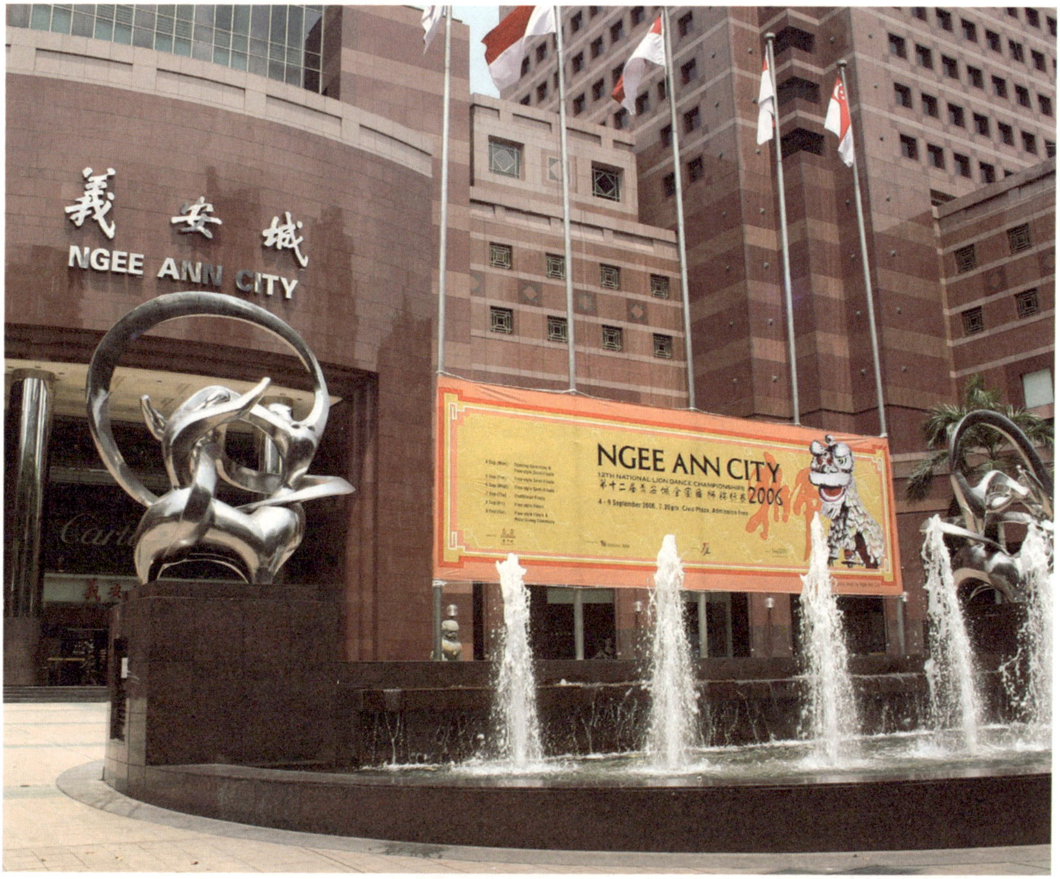

08 Knightsbridge

●●● 巨大的媒体墙和创意橱窗

Knightsbridge位于新加坡君乐酒店内，这里最大的特色就是巨大的媒体墙作为建筑外观，内部则汇集了众多知名品牌的旗舰店，成排的创意橱窗成为新加坡每季最热门的时尚话题之一。

270 Orchard Road 乘地铁在索美塞站B出口出站 65-66038888

09 远东商业中心

年轻人假日逛街休闲的热门商场

买 ★★★★

Tips

14 Orchard Road 乘地铁在乌节站A出口出站步行5分钟 65-62352411

远东商业中心内流行服饰、珠宝钟表、当季鞋款、眼镜、CD甚至美容沙龙、纪念礼品和定做西装的裁缝店等应有尽有，充满青春时尚和动感活力，新加坡的年轻人最喜欢在这里购买各种服装饰品。逛街购物之余也可在商场内的餐厅、咖啡屋休息聊天，是年轻人假日逛街休闲的热门首选。

10 老曾记

老字号的美味咖喱饺

★★★★

老曾记开业于1956年，迄今已有半个多世纪的历史，是一家在新加坡颇为知名的老字号咖喱饺专卖店。最初老曾记只是沿街摆摊贩卖咖喱饺，由于其用料新鲜、口味绝佳，因而逐渐迎来回头客，现今在新加坡已经开有30家分店。位于乌节路的这家老曾记每天都是大排长龙，除了招牌咖喱饺外，咖喱鸡肉包和芋泥派也不可错过。

Tips

545 Orchard Road 乘地铁在乌节站C出口出站后步行大约10分钟即可到达

11 福临购物广场

●●● 新加坡最大的玩具贩卖场 ★★★★ 买

福临购物广场毗邻新加坡希尔顿酒店，外墙上画满大量色彩鲜艳、造型可爱的卡通人物。商场内拥有从益智玩具到机械玩具、从毛绒玩具到可爱的木偶和布娃娃等适合各年龄段儿童的玩具，是新加坡规模最大的玩具贩卖场，同时也是一处充满童心童趣的玩具主题乐园。

Tips

583 Orchard Road 乘地铁在乌节站C出口出站后步行大约10分钟即可到达 ☎ 65-67322469

12 文华购物廊

●●● 水晶玻璃屋内的时尚购物廊 ★★★★ 买

Tips

333A Orchard Road 乘地铁在索美塞站B出口出站 ☎ 65-68316363

由文华酒店花费巨资修建的文华购物廊以其水晶流线般的艺术造型吸引了过往行人的目光。其四层楼的营业空间内汇集了100多家店面，经营服饰、珠宝、腕表、运动用品、休闲生活用品等，其中不乏D&G、Y-3、Boss Orange、Marc by Marc Jacobs与Emporio Armani等品牌，深受年轻人喜爱。

13 SCAPE

青春洋溢的复合式休闲空间

位于文华购物廊后方的SCAPE是一处集购物、餐饮、娱乐等多功能于一体的复合式休闲空间，同时这里还有表演场地、录音间、联谊中心、电台、舞蹈学校、唱片公司等场地。在SCAPE内，所有店铺的装饰与出售的商品都充满青春活力，其中位于三层的海蝶制作公司更是一手捧红了阿杜和林俊杰等知名歌手的知名制作公司，吸引了众多忠实粉丝慕名而来。

2 Orchard Link　乘地铁在索美塞站B出口出站　65-65216565

14 AKB48剧场

AKB48第一家海外公演剧场

位于乌节路附近的AKB48剧场是日本偶像组合AKB48在海外开设的第一家公演剧场。和位于日本的剧场一样，这里每个月都会举行两次公演，都是由日本成员亲自来新加坡演出。有的时候姐妹组合SKE48和NMB48也会加入演出，每到演出的时候剧场周围总是人满为患，即使是没有买到票的人也会待在剧场附近，只是为了感受这热烈的气氛。在剧场附近还有AKB48的专营店，里面会出售各种官方周边，常有粉丝到这里来一掷千金，一点也不心疼钱包大出血。

2 Orchard Link　乘地铁在索美塞站B出口出站

15 百丽宫

●●● 充满艺术感的休闲生活馆

★★★★

百丽宫由Paragon Market Place和Marks&Spencer两家知名百货公司组成，其大门前黑铜色的雕塑颇为引人注目，被形容为设计师品牌和奢侈品的理想之地。在百丽宫内汇集了大量世界著名的时尚品牌，此外还设有艺廊、美发沙龙、运动用品店、家居饰品店、异国餐厅等，是一处提供顶级购物环境的时尚天堂。

Tips

290 Orchard Road 乘地铁在乌节站C出口出站后步行大约5分钟即可到达 65-67385535

16 313@Somerset

●●● 平价时尚的购物城

★★★★

181 Orchard Road 乘地铁在索美塞站B出口出站 65-62381051

与地铁索美塞站连成一体的313@Somerset由于占尽地利，每天都是人流熙攘，商场内的商品价格也是平易近人。来自西班牙的ZARA和日本的优衣库，以及美国Forever 21等价格平易近人的时尚品牌都可以在这里找到，是一处深受年轻人喜爱的平价时尚购物城。

17 基里尼路咖啡店

●●● 历史悠久的新加坡传统早餐店

已有80余年历史的基里尼路咖啡店外观简朴，在这家颇受新加坡本地人喜爱的咖啡店可以品尝到老板每日用祖传秘方做成的咖椰烤吐司和半生鸡蛋。由椰浆、鸡蛋、白糖和乌枣调配制成的咖椰酱配上炭火烘烤的吐司片，以及加上胡椒和酱油的半生鸡蛋都令人食指大动，是新加坡人最喜爱的传统早餐，众多来新加坡观光的游客也慕名而来品尝。

Tips

67 Kiliney Road 乘地铁在索美塞站A出口出站后步行大约5分钟即可到达 65-67343910

18 董氏购物中心

●●● 新加坡当地人最喜爱的购物中心

创立于1958年的董氏购物中心历史悠久，商场红檐廊柱、绿色屋瓦的传统中国建筑风格至今依旧是新加坡当地居民的最爱。五层楼高的董氏购物中心以时装为经营重点，在商场内设有不同的主题区域，不论亚洲名牌还是欧洲经典的时尚品牌都可以在这里找到。此外，除了男女时装，董氏购物中心内还经营有床单、枕头、窗帘以及厨具电器等品类丰富的居家生活用品，加上其优质的服务，无愧其“新加坡百货业之王”的称号。

310&320 Orchard Road 乘地铁在乌节站C出口出站后步行大约5分钟即可到达 65-67375500

19 良木园酒店

●●● 殖民风格的典雅酒店 ★★★★

始建于1900年的良木园酒店前身是德军俱乐部，这幢充满新加坡殖民时代风格的建筑在1929年成为五星级酒店。酒店拥有200余间装饰华美、融合东西方元素的客房，以及美轮美奂的白色高塔和拱廊，其中白色高塔内的顶级套房更是极尽奢华。

Tips

22 Scotts Road 乘地铁在乌节站A出口出站后步行大约5分钟即可到达 65-67377411

20 Orchard Central

买

●●● 充满艺术感的购物广场 ★★★★

Orchard Central建筑外观充满现代时尚元素，其不规则的外观包裹着银灰色的网状线条，每到夜幕降临，四下流动的光影宛若宝石一般璀璨生辉。Orchard Central内汇集了大量个性小店，其中不乏自创服装品牌、小饰品和创意商品的年轻人在这里开店追求梦想。置身其中，周围琳琅满目的特色商品令人有种寻宝的乐趣。此外，在Orchard Central的高层，还可以透过玻璃墙俯瞰繁华热闹的乌节商圈。

Tips

181 Orchard Road 乘地铁在索美塞站B出口出站 65-62381051

21 幸运购物广场

●●● 选购平价电子产品 ★★★★

在乌节路上，幸运购物广场以可以砍价杀价而闻名。在幸运购物广场内，可以看到来自世界各地的观光客在与店家讨价还价，购买各种价格便宜的游戏机、相机、摄像机、手表、手机等商品。此外，在幸运购物广场地下一层还有玉石珠宝店入驻，柜台内琳琅满目的宝石令每一个经过的人都心动不已。

Tips

300 Orchard Road 乘地铁在乌节站C出口出站后步行5分钟即可到达 65-62353294

22 ION Orchard

●●● 顶级时尚精品购物新体验

于2009年开业的ION Orchard地处乌节地铁站上方，不仅交通极为便利，还是乌节路乃至整个新加坡曝光度最高的时尚精品购物中心。其8层楼的营业空间内入驻了超过400家不同品牌的精品店，其中不乏LV、PRADA、Giorgio Armani和Dolce&Gabbana等国际知名品牌的旗舰店，堪称新加坡顶级奢华的时尚地标之一。

Orchard Road　乘地铁在乌节站出站后即可到达

23 DFS Galleris Scottswalk

●●● 新加坡免税店的旗舰店

位于凯悦饭店对面的DFS Galleris Scottswalk拥有四层楼的营业面积，是新加坡规模最大的免税店。在这里可以买到众多价格平实的国际知名品牌商品，其中在DFS四层更是有超过30种的世界时尚品牌入驻，令人不禁眼前一亮，也吸引了众多追求时尚品位生活的购物狂专程来这里“购物扫货”。

25 Scotts Road　乘地铁在乌节站C出口出站后步行大约5分钟即可到达　65-62298100

24 乌节夜市

●●● 新加坡夜晚最热门的娱乐休闲地之一

逛 ★★★★

乌节夜市是新加坡夜晚最热门的娱乐休闲地之一。每到夜晚，乌节路都会褪去白天的喧嚣与繁华，取而代之的是四周亮起的五彩缤纷的霓虹灯。伴随着各种知名与不知名乐队演奏的音乐，以及空气中诱人的香气，可以品尝各种新加坡特色小吃，还有冰凉的啤酒和果汁，悠闲安逸地享受这别具特色的夜生活。

Tips
67 Kiliney Road 乘地铁在索美塞站A出口出站后步行大约5分钟即可到达 65-67343910

25 世界城

●●● 以世界为主题的百货商城

★★★★

外观大气的世界城以世界为主题设计修建，西装、手表、皮件、运动鞋、相机、光碟等在商场内都可以买到。这里不仅商品种类繁多，品牌与产地也是世界各国无所不有，无愧其“世界城”的名字。除此之外，世界城的美食区也有来自世界各国的不同美食，香气四溢的美味料理令人印象深刻，也可以从另一角度感受世界城包容世界的理念。

Tips
Kim Seng Road 乘地铁在乌节站出站后步行大约15分钟即可到达 65-67373855

26 史各士购物中心

以时尚流行为主题的购物中心

6 Scotts Road 乘地铁在乌节站出站后步行大约10分钟即可到达 65-67347560

史各士购物中心地处繁华的史各士路，来自世界各国的品牌专卖店和众多特色商家入驻其中，不论男女，都可以在史各士购物中心内轻易找到适合自己的时尚服饰。此外，在史各士购物中心内还可以买到众多世界各地的高档名牌香水和化妆品，是一座以流行时尚为主题的大型购物中心。

27 太平洋广场

为年轻人开办的时尚乐园

被称为“年轻人时尚乐园”的太平洋广场拥有几乎所有年轻人感兴趣的商品，其中美国最大的唱片连锁店也入驻这里，其品类繁多的唱片几乎涵盖了全世界所有音乐的种类，堪称一座唱片宝库。此外，在太平洋广场除了各种时尚的服装饰品店，还有出售各类新奇创意商品的店家，是年轻人节日、周末休闲逛街的首选。

Tips

9 Scotts Road 乘地铁在乌节站C出口出站后步行大约10分钟即可到达 65-67335655

28 纽顿圆环美食中心

热闹的小吃大排档

★★★★ 吃

纽顿圆环美食中心毗邻纽顿地铁站，这里每到19:00左右就会聚集众多游客，空气中也会弥漫着炒蚝煎、鱼丸面、炒虾面等小吃的诱人香气。纽顿圆环美食中心拥有近百个摊位，其中不乏人气颇高的明星摊位，如永记炒蚝煎、明发福建炒虾面、天香大虾面和顺华鱼丸面等，都是不可错过的美味摊点。

Newton Circus Food Centre 乘地铁在纽顿站出站后即可到达

必玩 永记蚝煎

纽顿圆环最受欢迎的明星小吃摊

在纽顿圆环美食中心内最受欢迎的永记蚝煎每晚都会人满为患，摊位前坐满低头吃喝的客人，永记用豆芽菜、青菜和蚵仔加鸡蛋快炒后制成的蚝煎口感特殊，再配上甜辣酱，肥美的蚵仔令人吃后意犹未尽。此外，永记蚝煎用米粉和面条，加上虾子、花枝、鸡蛋、猪肉和豆芽菜等翻炒而成的福建虾面也是颇受食客欢迎的美味，不可错过。

新加坡
攻略HOW

Part.9 牛车水

牛车水是新加坡当地华人移民最早的聚居区，同时也是新加坡的华族移民文化中心。在牛车水的街巷之间可以感受到浓郁的东方气息，沿街各种中式店铺和错综复杂的小巷都令中国游客心生亲近。

牛车水 特别看点！

第1名！宝塔街！

100分！

★牛车水最著名的三条道路之一，商贩云集的街巷！

第2名！丹戎巴葛保留区！

90分！

★古老传统的保留区，感受新加坡的传统中国文化！

第3名！牛车水原貌馆！

75分！

★三层旧式洋楼改建的博物馆，感受华人当年的艰难时光！

01 宝塔街

100分！

●●● 牛车水最著名的三条道路之一

★★★★ 逛

宝塔街位于新加坡唐人街牛车水的显眼位置，是牛车水最著名的三条道路之一。街口矗立的牛车水最古老的寺庙是这里的标志，庙里有高高耸立的塔楼，因此这里才会被叫做宝塔街。宝塔街商贩云集，沿街到处都能看到出售有中国风情的小商品，各种大小路边摊更是数不胜数，随处都能听到熟悉的乡音，让人不禁以为身处中国。出售的商品琳琅满目，冰箱贴、小相框、钥匙链等都随意地挂在门口的旋转展示牌上，谁都能任意挑选。

Tips

Pagoda Street　乘地铁在牛车水站A出口出站

02 牛车水原貌馆

75分!

感受华人当年的艰难时光

牛车水原貌馆位于宝塔街上，原本是一座三层的旧式洋楼，后来经过大幅修整后成为现在的博物馆。中国人很早就已经踏足新加坡，他们大多以出卖劳动力为生，生活十分艰苦，这座馆里的陈设就完全反映了他们过去的生活状态。走进这里宛如通过了一条时光隧道，大量翔实的资料展现了过去中国移民们的困苦生活和艰难历程。在这里甚至还能品尝到他们当年吃的食物，让人印象更为深刻。

Tips

48 Pagoda Street　乘地铁在牛车水站A出口出站　65-63252878　9.8新元

03 斯里马里安曼寺

气势恢弘的印度教寺庙

斯里马里安曼寺位于牛车水的中心地带，是新加坡最古老的印度教寺庙，建于1827年。从外观上一眼就能看出这座寺庙恢弘的气势，25米高的大门上雕刻着无数印度教诸神的彩绘像，个个神情生动，栩栩如生。这里至今还保留着印度教的传统习俗，不管是游人还是香客，要进入这里必须先脱鞋、摇铃，然后才能入内。寺庙内到处都是精美的壁画和神像，在牛车水地区别具一格，更带来一种庄严肃穆的氛围。

Tips

242 South Bridge Road　乘地铁在牛车水站A出口出站

04 新加坡佛牙寺龙华院

●●● 收藏着佛牙舍利的寺庙

★★★★ 

新加坡佛牙寺龙华院是牛车水一带较新的一座庙宇，始建于2002年。这里最为重要的标志当数寺内高近百米的巨大佛牙塔，这座宝塔采用了唐朝时期的传统工艺和造型，在周围普通民舍的映衬下更显得气势磅礴。寺内正殿供奉着弥勒佛的佛像，整个佛像金碧辉煌，神情安详，显出造像艺术的最高境界。此外，寺里最珍贵的宝物就是佛牙舍利，舍利子放置在重达320公斤的黄金舍利塔中，吸引了众多信徒前来朝拜。

288 South Bridge Road 乘地铁在牛车水站A出口出站 65-62200220

05 詹美清真寺

●●● 东西合璧风格的清真寺

★★★★ 

218 South Bridge Road 乘地铁在牛车水站出站

詹美清真寺自1827年起便已经矗立在牛车水了，是由来自南印度的丘利亚人（Chulias）所建。这座清真寺的建筑风格相当奇特，首先建筑并不与街道平行，而是径直朝向圣城麦加的方位。同时清真寺的建筑风格也融合了东西方的特色，其入口是典型的南印度风格，而正殿和两个祈祷大厅则是新加坡殖民时期的西方古典艺术风格，两种看起来格格不入的建筑风格有机地融合在一起，这也正是这座清真寺的看点所在。

06 丁加奴街

出售中国传统服饰和美食

逛 ★★★★

Tips
Trengganu Street 乘地铁在牛车水站A出口出站

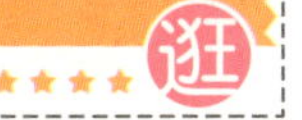

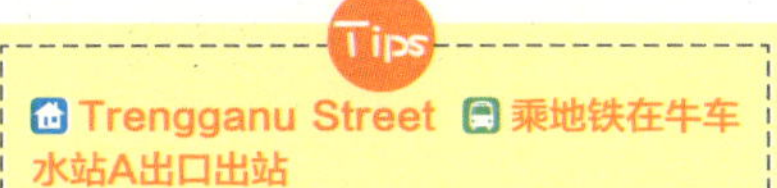

繁华热闹的丁加奴街是牛车水最主要的街道之一，以出售各种中国传统服饰、工艺品和美食为主。在这里无论是旗袍、长袍马褂、手染布衫还是丝绸布料等均可以买到，而且花样款式齐全，做工也很精致。此外，各种经典的中国美食更是必不可少，各种干面、汤面、鱼丸汤等都物美价廉，让人们即使身处国外也能品尝到熟悉的家乡美食。而且在这里可以畅快无阻地用中文交谈，让人倍感亲切。

07 客纳街

牛车水著名的娱乐街

逛 ★★★★

Tips
Club Street 乘地铁在牛车水站A出口出站

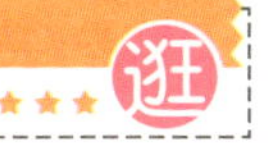

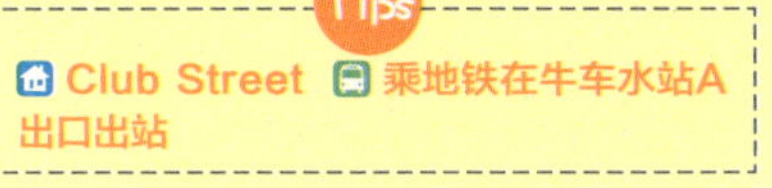

客纳就是英文“club”的意思，顾名思义，这里是牛车水著名的娱乐街。白天这里就好像一条普通的街道，路两侧都是传统造型的屋店。而到了晚上，各色霓虹灯就会相继亮起，各色酒吧、咖啡厅、舞厅等相继开门迎客，街上立刻就变得喧闹无比，浓厚的异国情调搭配着美酒、音乐，更是让人沉醉不已。这里是青年男女约会的首选之地，浪漫的烛光下不知有多少爱侣在耳鬓厮磨。

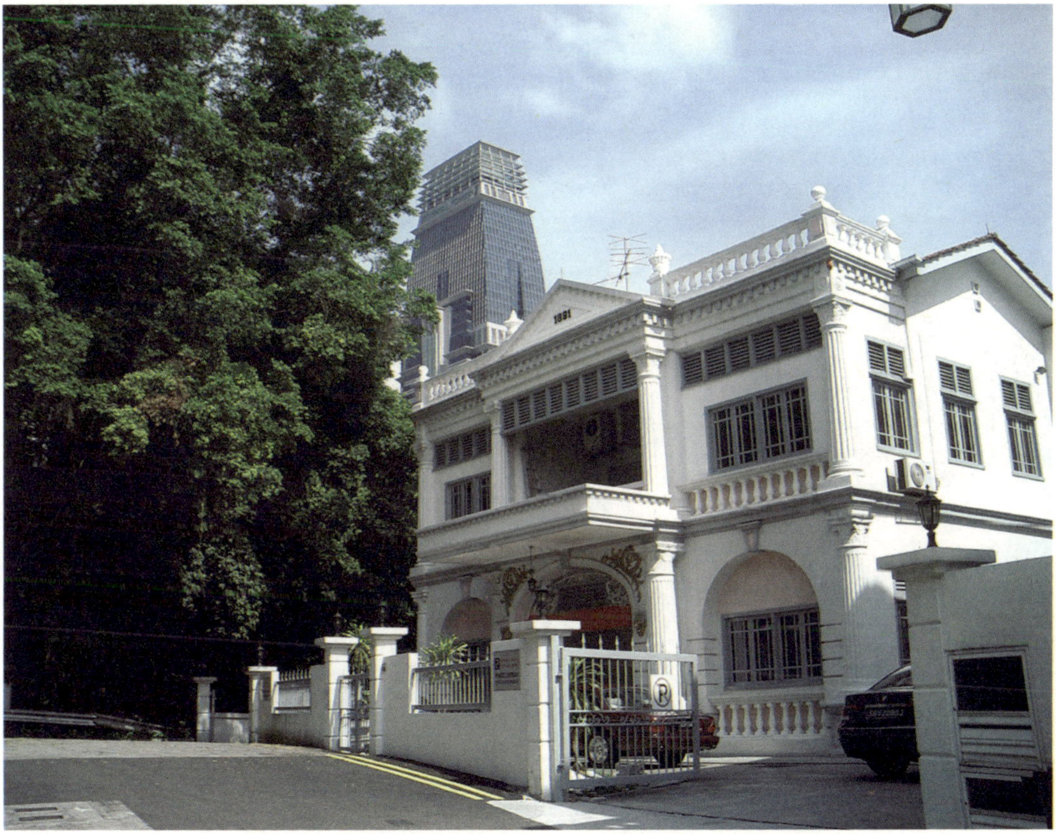

08 黄包车总站

●●● 感受过去辉煌的黄包车交通 ★★★★ 赏

早在19世纪80年代，黄包车便被引入新加坡，一举成为新加坡当时最受欢迎的交通工具。1903年，黄包车总站建成，在最盛时曾有2万多名黄包车车夫。到了“二战”后，更先进的汽车取代了这种人力车，黄包车也渐渐淡出人们的视线。但是黄包车总站却依然保留下来，这座传统英式红砖建筑内如今已经是酒吧和餐厅的天地，但是当年的招牌依然清晰可见，述说着这里曾经辉煌的历史。

Tips

Telok Ayer Street 乘地铁在丹戎巴葛站F出口出站

09 牛车水大厦

●●● 兼具购物和娱乐的商业大厦 ★★★★ 赏

Tips

335 Smith Street 乘地铁在牛车水站A出口出站

牛车水大厦位于硕莪巷上，是1972年在当地殡仪馆遗址上建立起来的，这座商业大厦兼具购物和娱乐的功能，不仅出售各式各样的中国商品，还有各种电子产品、纺织品和打折化妆品等。与此同时，这里还是著名的品尝新加坡美食的好地方，每到吃饭时间，这里各个餐馆里都是人头攒动，在这儿能吃到最正宗的新加坡美食，味道一流，物美价廉。不光是海外游客，就连本地人都对这里饭菜的味道交口称赞。

10 直落亚逸街

各种移民文化的交汇处

Telok Ayer Street 乘地铁在丹戎巴葛站F出口出站

直落亚逸街位于直落亚逸浦边，这里曾经是新加坡最繁华的海湾之一，是各方移民最先登陆的场所，各种商行、会馆和寺庙体现了这里的文化多样性。如今，喧闹的海湾早已不见，取而代之的是耸起的摩天大楼。但是直落亚逸街依然保留着很多旧时的模样，儒释道三教合一的天福宫、印度教的寺庙、伊斯兰教的清真寺和西洋教堂等毗邻而居，营造出一种匪夷所思的景象，这种多文化的大融合正说明了这条古老街道上深厚的历史文化积淀。

11 天福宫

儒释道三教合一的宫观

天福宫是华人在新加坡建造的最古老的宫观之一，始建于1839年，是最早的中国移民们为了供奉妈祖而建。这座宫观有着中国传统建筑的造型，琉璃瓦覆盖的飞檐上还装饰有精美的龙纹图案。据说当时建造宫观所用的花岗岩、木料等建筑材料全都是从中国福建运来的，可以说这是一座地道的中国建筑。庙内除了供有妈祖外，还有孔子、关公、佛祖释迦牟尼、观世音菩萨等多个神像，也是中国多种宗教交融的体现。

Tips
158 Telok Ayer Street 乘地铁在丹戎巴葛站出站

12 纳哥德卡殿

●●● 南印度移民建造的清真寺 ★★★★ 赏

纳哥德卡殿是19世纪时这里的南印度移民为了纪念到访的印度教圣人而建的。当时的直落亚逸是一座汇集了世界各地航海者的海港，而纳哥德卡殿也正体现了这种多文化的交融。这座清真寺建筑整体虽然是南印度的风格，但是其中夹杂了西方古典主义的风格，比如拱门与廊柱等。同时清真寺的顶端修筑成宫殿的样式，拥有小巧的拱门和圆窗，使得它整体显得气势宏伟，具有很高的艺术价值。

Tips

140 Telko Ayer Street
乘地铁在丹戎巴葛站F出口出站

13 丹戎巴葛保留区

90分!

●●● 古老传统的保留区 ★★★★ 逛

丹戎巴葛保留区位于丹戎巴葛路，这里原本是运输港口货物上岸的主要通道，因此留有很多古老的商铺和建筑物。这里的一切如今全都完好地保留了下来，在保留区内可以发现很多中国传统文化里的东西，比如中药铺、茶坊、木屐店、书法店等等，传统中还带有一丝新意。此外还有不少经营各国美食的餐厅，让人们不用行走老远就能尝遍世界各地的经典美味。

Tips

Neil Road、Tanjong Pagar Road、Maxwell Road等街道组成 乘地铁在丹戎巴葛站A出口出站

14 卫理公会礼拜堂

●●● 新加坡最古老的基督教礼拜堂 ★★★★ 赏

卫理公会礼拜堂成立于1889年，当时美国卫理会的传教士率先来到这里为南亚的居民传播基督教教义，并在文达街创办了这座小教会。经过100多年的发展，这座小教会礼拜堂发展成为如今三层楼高的大礼拜堂，是卫理公会华人教会中历史最悠久的一处教堂，同时也是当年卫理公会的传教士最先向当地华人传播福音的地方。如今的卫理公会礼拜堂依然保留着原有的传统式样，在浓厚的古罗马建筑风格中又融入了富有中国特色的飞檐翘角等装饰，使整座建筑显得中西合璧，很有创意。

Tips

70 Barker Road（S）309936 乘地铁在丹戎巴葛站A出口出站

15 福德祠

●●● 华人移民最早建造的庙宇 ★★★★

福德祠位于新加坡的直落亚逸街，又名望海太伯公庙，建成至今已有近200年历史。早在新加坡开埠之初，就有华人来到这里，他们最初上岸的地方就是如今的直落亚逸街。于是他们就在这里建了福德祠，如今这里依然是当地华人的信仰中心。祠堂采取了中国古代衙门式的造型，门槛高达30多厘米，在大门左右还各放着一对令牌，显得气势不凡。同时这里作为新加坡第一处街道博物馆，里面陈列、展示着不少早期华人在这里生活的遗物遗迹，很具历史价值。

Tips

Far East Plaza， Telok Ayer Street 乘地铁在丹戎巴葛站出站

16 Red Dot Traffic

警察总署改建的创意园区

Red Dot Traffic的前身是新加坡交通警察总署，正如其名，整座建筑被漆成大红色，老远就能清楚地看到这座建筑。如今这里是一处创意设计园区，专门展出来自世界各地的设计和创意。每到周末，这里还会举办个人的创意小市集，会有不少人在这里摆摊卖各种造型新颖奇特的商品、绘画、服饰等等。此外，在这里还有不少咖啡厅等休闲去处，是人们放松身心、释放压力的好地方。

Tips
28 Maxwell Stree　乘地铁在丹戎巴葛站B出口出站　65-65347001

17 阿尔阿布拉清真寺

造型非常朴素的清真寺

阿尔阿布拉清真寺由来自南印度的穆斯林所建，位于直落亚逸街南端。和同样是南印度移民所建的纳哥德卡殿不同，这里显得十分朴素。外面有两座并不算高的尖塔，围墙和大门也没有过多地进行修饰。里面的建筑一律都采用红砖瓦砌成，也不带有任何的装饰。这种朴实的风格使得阿尔阿布拉清真寺成为新加坡众多寺庙中最平凡的一座，但是这里依然以厚重的历史气息吸引了八方游客。

Tips
192 Telok Ayer Street　乘地铁在丹戎巴葛站出站

18 硕莪街

浓郁的中国风情 ★★★★★

硕莪街是牛车水地区的主要街道之一，过去在这里聚集了不少制作西米的工厂，所以当地人就以谐音为这里起名叫硕莪街。如今这里到处充满着浓浓的中国味，街道两旁随处都是中国传统店铺，四处糕饼飘香，各种工艺古玩和中草药铺鳞次栉比。其中最吸引人的还是那些出售中国传统糕点的饼铺，在这里可以买到云片糕、菠萝包、老婆饼、酥皮蛋挞等价廉味美的糕点，深受当地人的喜爱。

Sago Street　乘地铁在牛车水站A出口出站

19 史密斯街

遍布路边的传统小吃摊 ★★★★★

史密斯街早在英国殖民时期就是当地铁匠和商人的聚集场所，所以街名也是因英文中的铁匠一词而来。后来这里就开始散落不少经营小吃的小贩摊点，曾经一度是“脏乱差”的代名词。新加坡政府在2001年对这条街进行了大规模的整治，如今这里的小吃摊点都是经过卫生等部门的认证的，十分有序，使得这条街成为新加坡小吃的代名词。此外，在史密斯街上可以买到不少新加坡传统风味的小吃，包括著名的马来小吃“娘惹糕”以及很受人们青睐的炒条等。

Tips

Smith Street　乘地铁在牛车水站A出口出站

20 冯满记席庄

坚固好用的藤席 ★★★★

冯满记席庄是新加坡首屈一指的藤席经营店，这里从百年前就开始将来自马来西亚马辰的藤料制作成坚固耐用的藤席。如今这里的藤席依然采用最传统的制作工艺，因为价廉物美而远销整个东南亚。除了藤席外，这里还出售各种中药药膏和药油，包括治疗跌打的镇痛膏、治疗风湿关节炎的千里追风油等，不光深受中国游客的喜爱，甚至一些金发碧眼的西方人也到这里来选购。

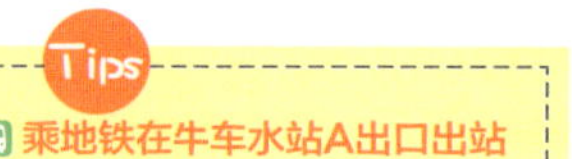

Tips

16 Sago Street 乘地铁在牛车水站A出口出站

21 唐城坊

出售各种传统的中国货物 ★★★★

唐城坊位于牛车水的克罗士街，这座建筑的设计十分精巧，整个楼被设计成一个螺旋形结构，在克罗士街诸多建筑中显得独树一帜。顾客可以乘坐电梯直达楼顶，然后从上往下逛遍整个商场，中途还不用走楼梯，让人颇感新鲜。这里的商品大多面向普通顾客，价格适中，以中低档货品为主。各种中国式的木屐、纸雨伞、陶瓷餐具以及翡翠饰品等都充满了浓浓的中国风。此外，这里还有不少中国古董出售，犹如进入了一个小博物馆。

Tips

133 New Bridge Road 乘地铁在牛车水站A出口出站 65-65340112

22 大东酒楼

●●● 吃正宗的北京烤鸭 ★★★★

位于史密斯街上的大东酒楼是一家开业于1928年的老店，在当地享有盛名。走进店里就能看到挂在墙上的名人题词和照片，可见大东酒楼在新加坡人心中的地位。这里主要以经营中国饭菜为主，尤其是北京烤鸭最为知名。这里的烤鸭采用了传统的烤制手法，皮脆肉嫩，肉香而不腻，即使不身处北京也能品尝到正宗的北京风味。此外油浸顺福鱼、大东点心、咖啡排骨王和生汁虾球都是这里的招牌菜，大家游览之余绝不容错过。

Tips

39 Smith Street Chinatown　乘地铁在牛车水站A出口出站

23 大中国饼家

●●● 出售中式糕点的老字号 ★★★★

大中国饼家在牛车水已经经营了60多年，经历了两代传人，从店名和店面装饰就能看出这里充满了浓浓的中国风情。这里主要经营各种豆沙包和广式月饼，各色糕饼点心就陈列在店前的玻璃货柜中，隔着货柜都感觉到糕点的香味好像要从里面透出来一样，让人直流口水。尤其是到了中国的传统节日，这里更是会推出不少节庆糕点，通常一下子就会被抢购一空。

Tips

34 Sogo Street　乘地铁在牛车水站出站
65-64381663

24 林志源肉干

新加坡闻名遐迩的肉干店之一

肉干也称作肉脯，是新加坡最常见的小吃之一，也是逢年过节家家必备的食品。位于牛车水的林志源肉干是新加坡闻名遐迩的肉干店之一，这里的肉干口味多样，除了常见的牛肉干、猪肉干外，还有鸡肉干、虾肉干等较为少见的品种，而且味道也分辣、咸等多种，此外还有种类多样的猪肉丝。虽然林志源肉干出产的肉脯只有3个星期的保质期，但是每天店门前依然会排满前来购买的游客。

203 New Bridge Road 乘地铁在牛车水站出站 65-62278302

25 胡振隆肉干之家

创意十足的肉干店

胡振隆原本是一家靠制作麻油和香油起家的商店，后来转行经营肉干。这家店将全部精力都投放在开发新产品上，这里的肉干创意十足，除了普通常见的虾肉干、鸡肉干、猪肉干、牛肉干外，还有很罕见的龙虾肉干和鸵鸟肉干，让人忍不住都要买一点品尝一番。除了肉干外，这里还擅长做虾米卷和葱蒜虾米，这种入口松脆爽利的小吃既是当地人的最爱，也是游客买来馈赠亲友的最好礼品。

12 Sago Street 乘地铁在丹戎巴葛站出站 65-63245825

26 中峇鲁市场

体验新加坡平民的生活

★★★★ 逛

中峇鲁市场是新加坡主妇们最喜欢的地方，这里以出售各种蔬果、鸡鸭、鱼虾和各式干货为主，每天都能看到很多主妇到这里来选购一家人一天所吃的食品。不过，这些仅仅是这家市场经营的一部分而已。正如去东京一定要去筑地市场，去中国台北一定要去士林夜市一样，中峇鲁市场也是外来游客必逛的一处地方。这里到处都能看到不少出售新加坡传统小吃的店铺，是外来客人体验新加坡平民生活的大好去处。

83 Seng Poh Road　乘地铁在欧南园站出站
65-64381663

新加坡
攻略HOW

Part.10 小印度

小印度居住着来自印度、斯里兰卡、孟加拉、巴基斯坦等南亚诸国的移民，沿街分布着众多印度教寺庙和经营各种印度商品的店铺。每到印度教节日的时候，小印度的各街道都会装点得金碧辉煌，非常热闹。

小印度 特别看点！

第1名！ 小印度拱廊！

100分！

★新加坡最具有印度风情的社区之一，旧式店屋改建的店铺市集！

第2名！ 锡克教寺庙！

90分！

★新加坡锡克教教徒的聚集地，现代风格的锡克寺院！

第3名！ 加宝路艺术地带！

75分！

★小印度街区最具有艺术气息的街道，充满想象力的街头艺术！

01 小印度拱廊 100分！ 逛

小印度中的繁华商业区 ★★★★★

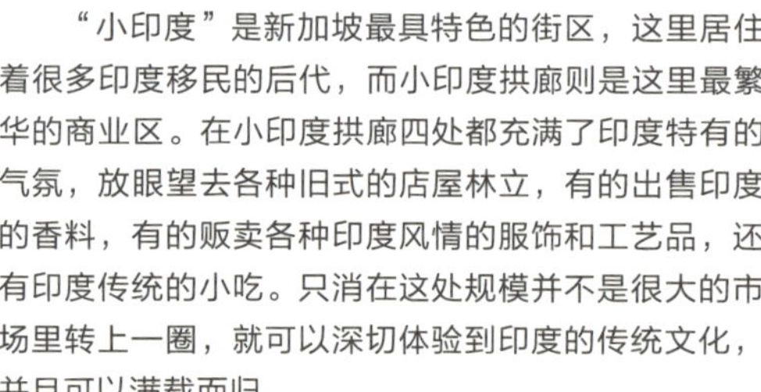

“小印度”是新加坡最具特色的街区，这里居住着很多印度移民的后代，而小印度拱廊则是这里最繁华的商业区。在小印度拱廊四处都充满了印度特有的气氛，放眼望去各种旧式的店屋林立，有的出售印度的香料，有的贩卖各种印度风情的服饰和工艺品，还有印度传统的小吃。只消在这处规模并不是很大的市场里转上一圈，就可以深切体验到印度的传统文化，并且可以满载而归。

Tips

 48 Serangoon Road 乘地铁在小印度站出站

必玩01 印度彩绘
独特的印度艺术

印度彩绘是印度的一大特色，来到这里的游客们也能体验到这种古老民俗的非凡魅力。这种彩绘用的是指甲花的汁液，主要在手上、脚上绘出美丽的花纹，如果再搭配上饰品，更是精美无比。

必玩02 印度手环饰品
颜色鲜艳的印度手环

印度手环饰品曾在无数影视剧中出现，现在已经成为南亚次大陆的代表性商品，小印度拱廊里也自然少不了它们的身影。这些手环所用材料各有不同，既有玳瑁玉石的，也有金银等贵重金属的，有些上面还刻绘了精美的图案。

必玩03 印度风格家饰品
印度风情浓郁的家居饰品

在小印度拱廊有众多经营印度风格家居饰品的商家，灯罩、窗帘、挂毯、背包、桌布等都充满浓郁的印度风情，其鲜艳的色彩和复杂的线条颇受游客欢迎。

必玩04 印度甜点&香料
口感独特的印度味道

印度甜点向来是这里最具吸引力的风味之一，它们以印度传统的口味为基础，又根据新加坡的地方特色加以改进，十分好吃。

印度是世界上重要的香料产地之一，小印度拱廊处自然也少不了主料的身影，它们既可以作为装饰品，也有可以食用的种类。

02 维拉玛卡里亚曼寺
气势宏伟的印度教寺庙

★★★★

维拉玛卡里亚曼寺是小印度街区香火最为旺盛的印度教寺庙，它也是新加坡地区最大最豪华的印度教寺庙。这座寺庙自建成之后就一直是这里的地标式建筑，信徒们会来这里虔诚地祭拜，游客们则能够欣赏这里独特的建筑艺术和各种精美的装饰物。维拉玛卡里亚曼寺最大的看点是寺庙上方塔楼上的一座座神像，它们工艺精美，神态各有不同，周边还有繁复的花纹图案。

141 Serangoon Road　乘地铁在小印度站C出口出站

03 斯里尼维沙柏鲁玛寺

新加坡最为古老的印度教寺庙

斯里尼维沙柏鲁玛寺是一座历史悠久的建筑，它虽然没有各种华丽的装饰物，但却有着气势宏伟的风格和庄重典雅的氛围。来到这里是参观教徒修行的好地方，他们会用清水洗涤自己的身体，以获得肉体与精神上的双重宁静。斯里尼维沙柏鲁玛寺最引人注目的是那座20多米高的印度教主神毗湿奴的神像，它那威严的气势让天地为之动容。此外寺内还有拉克希米和安达尔这两位女神的神像，神鸟迦楼罗的雕像也在附近。

397 Serangoon Road 乘地铁在花拉公园站G出口出站

04 阿都卡夫清真寺

伊斯兰风情的宗教建筑

★★★★

Tips

41 Dunlop Street 乘地铁在小印度站C出口出站 65-62954209

阿都卡夫清真寺是新加坡最著名的伊斯兰式建筑之一，它风格华丽，在保持传统的伊斯兰式建筑精髓的基础上又增添了西方的建筑风格色彩，因而更显得魅力无穷。这里最醒目的地方是高耸的圆形尖顶，它和屋顶及外墙的色彩各有不同，却又相得益彰，让人赞叹不已。阿都卡夫清真寺最独特的地方是它的寺内外安装了大量的彩色灯泡，到了夜间，绚丽的色彩将这里渲染得灿烂无比。

05 锡克教寺庙

90分!

具有现代风格的锡克教寺庙

★★★★

这里是新加坡最大的锡克教寺庙，它的主体建筑是20世纪80年代重建的，因而兼具了锡克教的传统和现代建筑的特色。这座寺庙的外墙上贴满了大理石片，弧形的大门处有着层层叠叠的台阶，据说含有神圣之路的意义。寺庙内的建筑众多，其中最值得观赏的是祈祷堂，里面不但拥有直径13米的大型圆顶，还藏有锡克教的多部典籍。

Tips

2 Towner Road Singapore 乘地铁在多美歌站下步行约30分钟即达

06 蕉叶阿波罗餐厅

放在蕉叶上的美味印度菜

54-58 Race Course Rd. 乘地铁在小印度站C出口出站后即可到达

蕉叶阿波罗餐厅的一大特色是所有的菜肴都会放在一大片蕉叶上端上桌。这里的招牌菜咖喱大鱼头混合着蕉叶的清香，配上辛辣的印度咖喱汁，别具一番风味。此外，还有咖喱鸡肉和大虾等美味也是不可错过的店家招牌菜。

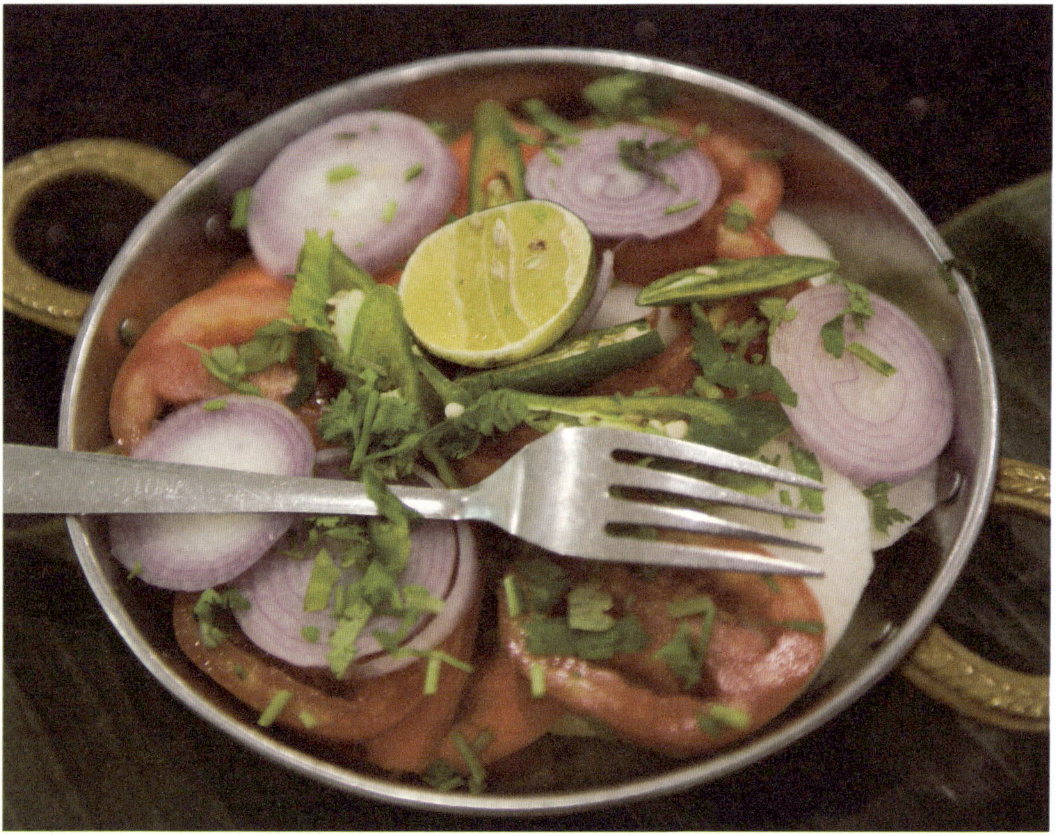

07 竹脚中心

热闹喧嚣的综合性集市

665 Buffalo Road Singapore 乘地铁在小印度站C出口出站

竹脚中心因其修建时被茂密的竹林所包围而得名，现在这里则是一个多层的商业中心。一层是美食区，里面汇聚了不同地区的风味佳肴，既有来自中国的海南鸡饭和粤式美食，也有印度传来的口感酸辣的印度黄姜饭，当然也少不了新加坡本地以及东南亚各国的美味佳肴。从二层开始则是购物区，在那里能够买到不同种类的商品，既有各民族的传统服饰和手工艺品，也有精美古玩和饰品。

08 甘贝尔巷

游客们淘宝的商业街

甘贝尔巷是新加坡最著名的商业街之一，这里店铺众多，各种商品应有尽有。走在这条热闹喧嚣的街道上，可以看到不同特色的摊位和商店，不同民族的游客一边拿着商品，一边在比划手势砍价。甘贝尔巷还是购买各种鲜花的好地方，那些五颜六色的花朵有着清新淡雅的香味。在这里还能品尝到不同民族的风味小吃，其中以印度菜最为常见，竹筒椰子米糕、豆粉米包等都是令人垂涎三尺的佳肴。

Campbell Lane 乘地铁在小印度站C出口出站

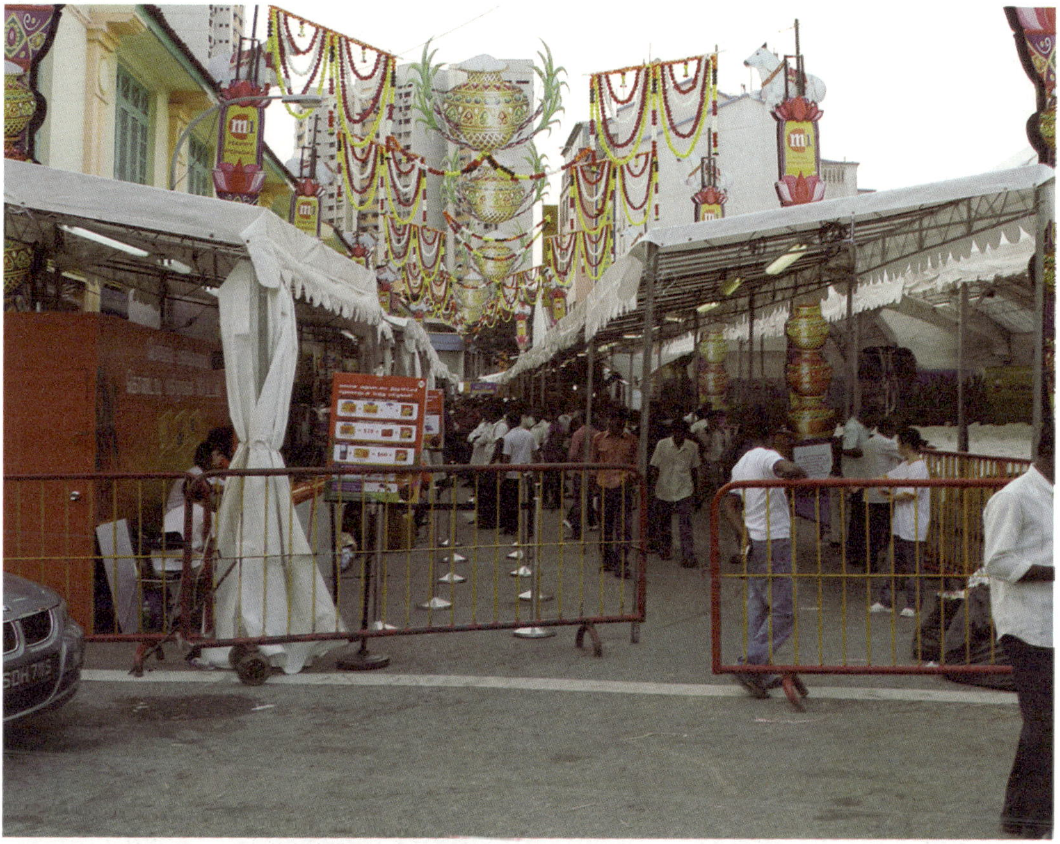

09 城市广场

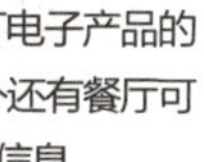

结合环保生态的购物中心

180 Kitchener Road 乘地铁在花拉公园站下
65-65956595

整体以环保材料修建而成的城市广场屋顶为太阳能天窗，商场内有超过200家经营服饰精品、健康休闲用品、IT电子产品的商家。这些商家也多强调绿色消费、健康环保。此外还有餐厅可供人用餐、休息，购物之余，还可了解各种生态环保信息。

10 加宝路艺术地带

75分!

逛

充满艺术气息的街道

★★★★

加宝路艺术地带是以浓郁的艺术氛围而扬名的，这里的许多建筑都极富艺术想象力，令来到这里的游客们惊讶不已。它们大都是新加坡各艺术团体与演艺公司的办公楼，建筑特点大都与屋主表演风格息息相关。这里还有多家画廊和艺廊，其中以Plastique Kinetic Worms最为出名，里面展示的大都是当代风格的艺术作品。加宝路艺术地带上还经常举行各种精彩的艺术表演活动，既有大名鼎鼎的印度舞蹈，也有中国的传统庆典表演。

Tips

Kerbau Road　乘地铁在小印度站出站

11 黄亚细肉骨茶餐室

吃

品尝新加坡传统小吃肉骨茶

★★★★

Tips

208 Rangoon Road　乘地铁在花拉公园站B出口出站　65-62947545

肉骨茶是新加坡的传统小吃之一，是由来到新加坡的华裔工人创制的。他们将中国传统的药茶和排骨、米饭等一起烹调，做成了既有营养又香气诱人的美食。开业于1973年的黄亚细肉骨茶餐室是新加坡最著名的肉骨茶餐室，这里选用猪骨加中药、香料和蒜头等材料一起熬煮而成的肉骨茶，相比起马来式的肉骨茶来较为清淡，但是里面依然有不少胡椒和大蒜，配上油条和猪肠，家族秘方制成的肉骨茶香热滑浓的感觉让人过口难忘，是到新加坡不可不尝的一道名点。

12 德里餐厅

多次获奖的印度风味餐厅 ★★★★★

开业于1988年的德里餐厅位于小印度街区的中心位置，顾名思义，这家餐厅主营印度菜，算是新加坡印度社区中小有名气的一家餐厅，据说在新加坡国内也曾经多次获得各种美食大奖。这家店里的厨师都是直接从印度聘请的高水准大厨，做出的Tandoor-Cooked meats、Malai Kebabs、Chicken Tikka和Tandoori等美味菜肴都是正宗的印度北部风味料理。除了各式美味招牌菜，这里的就餐环境也非常舒适，对于想要品尝正宗印度菜的游人可称得上是上上之选。

Tips

60 Race Course Road 乘地铁在小印度站C出口出站

13 Muthu's Curry

品尝美味的咖喱鱼头 ★★★★

不知从何时起，印度风味的咖喱鱼头开始在新加坡风行起来，而位于小印度的这家Muthu's Curry就是以咖喱鱼头作为主打菜的餐厅。这家店至今已经经营了40多年，在经营者的不断努力之下，这里已经走出了传统印度餐厅的窠臼，勇于跟上潮流不断创新，已经在新加坡各地开设了不少分店。这里的咖喱鱼头味道正宗，香辣味美，不愧是数十年积淀下来的老口味。除了鱼头外，这里还有其他印度咖喱菜式，都使人印象深刻。

Tips

138 Race Course Road，#01-01 乘地铁在小印度站C出口出站 65-63921722

14 陈东龄故居

小印度街区里的中华风情

陈东龄故居建于1990年，最初是一位叫陈东龄的华人富商为其妻子修建的店屋式别墅。此类建筑具有中国清末建筑的特征，在小印度街区是比较少见的。整体风格典雅精巧，但又不失大方凝重之处。陈东龄故居又不乏东南亚地区的建筑特色，在这里就能看到当时流行的五脚基骑楼，它是这里最引人注目的房屋。走进这栋别墅，能够感受到中国传统的宁静淡泊的特点，这与外界热闹的印度风格形成了强烈对比。

Tips

37 Kerbau Road　乘地铁在小印度站出站

15 实龙岗路

店铺众多的商业街

Tips

Serangoon Road
乘地铁在小印度站C出口出站

热闹繁华的实龙岗路不仅是小印度街区最著名的商业街，在整个新加坡地区也算得上是大名鼎鼎的繁华商区。这里的店铺都各具特色，既有印度风情的纱丽店，也有出售东南亚手工艺品的竹器店，当然也有给游客量身定做的金饰店，还有出售金银铜铁锡器的“五金店”。实龙岗路还是各种美味佳肴会聚的地方，不同风味的饭菜能够满足不同食客的需求，其中以泰国菜的味道最令人满意。

16 Komala Vilas Vegetarian Restaurant

风味独特的南印度餐厅

76、78 Serangoon Road 乘地铁在小印度站C出口出站 65-62936980

Komala Vilas Vegetarian Restaurant是小印度街区颇具特色的店家之一。和大多数印度餐厅经营北印度风味有所不同，这里主要是以南印度口味为主，又因为南印度人大多以素食为主，所以这里的菜肴也都是素菜。这里的招牌菜当数Cone Dosai，这是一种样子好像小丑帽的薄饼，通常还会搭配上各种调料。人们一般都是直接用手撕开蘸着调料吃下肚，味道香辣浓郁，很好吃也很具民族特色，因此获得了不少人的青睐。

17 德升美食花园

品尝印度风味的美食

1 Dickson Road Singapore 乘地铁在小印度站C出口出站后步行5分钟即可到达

德升美食花园毗邻德升酒店，在这里可以品尝到各种口味醇正的印度风味美食。如用米饭制成的印式米饼就是这里最受欢迎的食物之一，也可以尝试如印度人那样用米饼蘸着有肉末的咖喱汁或香辣酱大口吃下，颇为美味。此外，德升美食花园内除了咖啡、茶和啤酒这些常见饮料外，也提供印度传统饮料，是享受醇正印度美食的绝佳选择。

18 慕达发中心

二十四小时营业的购物中心

145 Syed Alwi Road 乘地铁在花拉公园站H出口出站 65-62955855

慕达发中心是新加坡最著名的商业中心之一，这里人潮涌动，即使到了黎明时分也依然如常。来到这里能够听到不同语言的叫卖声和讨价还价声。慕达发中心以印度风情的商品作为主打，无论是深受女士欢迎的纱丽，还是各有特色的手工艺品，都是这里的特色产品。在慕达发中心内，数量众多的店铺各有特色，无论是衣服、香水、纪念品、电子产品、化妆品，还是糖果、食品和日用百货，都一应俱全，而且大都价廉物美，吸引了当地居民和各地游人来此购物。

新加坡
攻略HOW
加東古董
KATONG ANTIQUE HOUSE

Part.11 芽笼士乃

芽笼士乃旧时曾是马来人聚居的乡村，20世纪20年代众多土生华人在这里修建别墅和店屋洋楼，与当地传统的马来文化相互融合，形成现今芽笼士乃地区独特的风俗文化和建筑风格。

芽笼士乃 特别看点！

第1名！马来文化村！

100分！

★展示新加坡的马来文化，体验马来人的日常生活！

第2名！芽笼士乃巴刹！

90分！

★具有马来风貌的市场，感受马来人热闹的日常生活！

第3名！坤成路！

75分！

★新加坡娘惹房屋保存最好的街区，看东西合璧的小洋楼！

01 马来文化村 100分！

展示新加坡的马来文化

Tips

39 Geylang Serai 乘地铁在巴耶利巴站A出口出站 65-67484700 ¥5新元

马来文化村位于新加坡马来族群的文化中心芽笼士乃，是展示新加坡马来文化的地方。这里分布着一座座传统的马来式建筑，角型的屋顶、细致的木雕装饰和色彩缤纷的碎花图案是这里的特色。在众多的木质房屋中有一座砖砌的二层小楼，这就是根据马来乡村大会堂风格建造而成的“狮城大礼堂”，里面有一座25米宽的大舞台，可以同时容纳400人进行活动。此外，在村里还有不少马来特色商店，出售各种马来传统的小商品。

02 辣椒香娘惹餐厅 吃

新加坡著名的娘惹餐厅 ★★★★

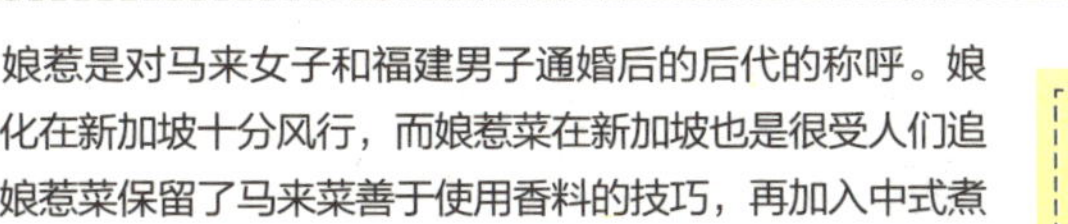

娘惹是对马来女子和福建男子通婚后的后代的称呼。娘惹文化在新加坡十分风行，而娘惹菜在新加坡也是很受人们追捧。娘惹菜保留了马来菜善于使用香料的技巧，再加入中式煮法，使得烧出来的味道浓郁香辣而又比传统的马来菜显得清爽而容易入口。辣椒香娘惹餐厅就是这么一家经营娘惹菜的餐厅，餐厅老板非常喜欢娘惹菜，他本身并非娘惹人，但是他凭借自己的热情和聪明，使得这家餐厅在短短几年内就大放异彩，成为新加坡著名的娘惹餐厅。

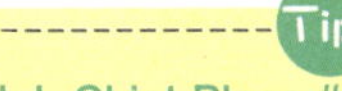

Tips

11 Job Chiat Placo,#01-03 乘地铁在巴耶利巴站A出口出站 65-62751002

03 芽笼士乃巴刹 90分! 买

具有马来风貌的市场 ★★★★

巴刹就是市场之意，芽笼士乃巴刹即芽笼士乃市场，这里是新加坡最具马来风貌的市场。有不少马来人在这里设摊经营，随处都能看到马来妇女选购商品的情景。同时各种马来语吆喝声也让这里呈现出一幅马来人平常生活的图卷。这里出售的商品多为马来人日常生活中的必需品，诸如香茅、黄姜、肉桂、柠檬草等香料，或是头巾、饰品等马来传统服饰，是选购纪念品的最好地方。

Tips

1 Geylang Serai #01-K1 Singapore 402001
乘地铁在巴耶利巴站A出口出站

04 如切购物商场

芽笼士乃最著名的购物市场

买 ★★★★

如切购物商场是芽笼士乃最著名的购物市场，里面的货品囊括了吃穿住用等各方面，琳琅满目，让人目不暇接。尤其是富含马来风情的各色布料，无论是窗帘布、高级衣料，还是各种材质的纱笼，这里应有尽有。除了布料外，这里还出售马来西亚特产的药油，各色药油在货柜上依次排开，散发着不同的气味。有的味道浓烈，让人头脑清醒；有的气味清香，是很不错的中草药。在这里人们可以各取所需，总能找到适合自己的商品。

Tips

1 Joo Chiat Road 乘地铁在巴耶利巴站A出口出站

05 坤成路

75分!

看东西合璧的小洋楼

★★★★

Tips

Koon Seng Road
乘地铁在巴耶利巴站A出口出站

位于加东区的坤成路是新加坡娘惹房屋保存最完好的街区，这些房屋大多都是由当地的华人富商及其后人所建。样式有别于传统的新加坡建筑的狭窄，更多的是一些宽敞的二层小洋楼，很多还用地中海式的百叶窗和科林斯式柱子进行装饰，其间还附加了不少马来式建筑所特有的元素，而建筑上的各种花纹却是明显的中国风格，可以说是三地建筑特色结合的经典范例。

06 328加东叻沙

不可不尝的叻沙 ★★★★

Tips

49 East Coast Road 乘地铁在巴耶利巴站A出口出站

来到新加坡旅游，叻沙是不可错过的当地食品。这种食品由娘惹人首创，用面条作为汤底，配上虾米、虾膏、蒜蓉、干葱、辣椒、香茅、南姜及椰汁，就成了一碗香气扑鼻的美味叻沙。位于加东的328加东叻沙是当地最有名的叻沙店，店里挂着不少明星前来这里品尝的照片，证明这里的盛名远播。这里的叻沙在传统叻沙风味的基础上特别加入淡奶和椰汁，带有浓浓的奶香味，别具一格。无论是外来游客还是当地人，吃过以后都赞不绝口。

07 加东古董店

传承古老的中国文化 ★★★★

Tips

208 East Coast Road 乘地铁在巴耶利巴站A出口出站 65-63458544

加东古董店位于新加坡最热闹的东海岸路，这里生活着不少华人，其中有不少致力于文物的保护与收藏，好将中国的传统文化传给子孙。这家古董店就是出于这样的理念而建起来的，与其说它是古董店，不如说是一处收藏馆更为合适。这里收藏的古董都是店主跑遍新加坡千辛万苦收集而来的，其中有很多更是非卖品。这些收藏品包括瓷器、字画、家具等，甚至还有一套1892年出版的马来文《三国演义》，都是中国传统文化的代表。

08 金珠娘惹粽

独具新加坡特色的娘惹粽 ★★★★

Tips

109/111 East Coast Road 乘地铁在巴耶利巴站A出口出站 65-67412125

娘惹粽是娘惹菜中最重要的一个品种，位于加东的金珠娘惹粽就是娘惹粽的专营店。这家店至今已经有60多年的历史了，经营着娘惹粽、娘惹迷你粽、五香肉粽、娘惹糕、红龟糕和窝打等娘惹菜中的传统糕点。尤其是这里的娘惹粽，源自中国，使用猪肉和冬瓜混合做馅，然后加入五香粉调味，最后使用当地特产的香叶包裹，就成了香气四溢的娘惹粽。这种粽子吃起来味道和国内的肉粽大不一样，有机会一定要买些来品尝一下。

新加坡
攻略HOW

Part.12 樟宜村

樟宜村远离市中心，是东南亚著名的旅游胜地，质朴的住宅、舒适的度假屋、蓝天白云、青翠草地都令人心情愉悦，忘记平日的不快。此外，这里还有众多历史人文景观，可寄托对“二战”期间牺牲的英雄的哀思。

樟宜村 特别看点！

第1名！ 樟宜村！

100分！

★风景优美的旅游度假胜地，感受滨海乡村风光！

第2名！ 樟宜监狱教堂！

90分！

★纪念“二战”牺牲英雄的监狱，了解当年抵抗日军的历史！

第3名！ 巴西立公园！

75分！

★迷人海滨观赏红树林，风景优美的度假休闲公园！

01 樟宜村 100分！

风景优美的旅游度假胜地 ★★★★ 玩

樟宜村自然风光优美，这里的海滩、蓝天、椰子树、碧绿草地和舒适的度假屋都令人心驰神往，除了美食中心和特色餐厅外，还可以在海滩上烧烤，是东南亚一处著名的旅游度假胜地。此外，樟宜村还有众多人文景观，“二战”后为当地华人男子竖立的纪念碑和修建的教堂也吸引了众多游人前往。

Changi Village 乘地铁在丹娜美拉站B出口出站后换乘2号公交车在樟宜村站下车即可到达

02 樟宜监狱教堂 90分!

纪念“二战”牺牲的英雄

赏 ★★★★

樟宜监狱教堂位于一处露天庭院中，是日军占领新加坡期间令战俘修建的。这座木结构的教堂屋顶是茅草铺盖，拥有两排露天座椅。“二战”后新加坡政府又重新整修教堂，并在侧面墙壁悬挂了祈福板，以纪念在“二战”期间于樟宜地区牺牲的英雄。

1000 Upper Changi Road North 乘地铁在丹娜美拉站B出口出站后换乘2号公交车在樟宜监狱教堂&博物馆站下车即可到达 65-62142451

必玩 博物馆

了解当年的历史

樟宜监狱博物馆内收藏了大量书信、照片和私人物品，同时还有一系列复制的樟宜壁画。在这里参观可以了解樟宜地区在“二战”期间发生的众多动人故事，感受当年战争期间平民所受的苦难。

03 巴西立公园

75分!

迷人海滨观赏红树林

Tips

Pasir Ris Central 乘地铁在巴西立站B出口出站后步行10分钟即可到达

巴西立公园地处海滨，游人站在海岸就可远远看到对面的马来西亚。这里最著名的旅游项目就是骑自行车环游公园，沿途可以欣赏到奇妙的红树沼泽地，感受大自然的无穷魅力。此外，靠海的巴西立公园还是一处适合各种海滩娱乐的地方，风驰电掣的快艇和岸边的攀岩都是深受年轻人喜爱的度假休闲项目，而露天烧烤和附近的渔村则可让游客大快朵颐。

04 光明山普觉禅寺

新加坡最大的佛教寺庙之一

赏

建于半山上的光明山普觉禅寺是新加坡传统的佛教圣地，同时也是新加坡规模最大的佛教寺庙之一。寺院内雄伟壮观的大悲殿金碧辉煌，是祭祀观音菩萨的地方，外观为船舶造型的纪念堂气势宏伟。四层无相殿中供奉的巨大佛像高14米，宝相庄严的释迦牟尼佛不怒自威，是全亚洲最大的室内铜像，佛像前的佛陀舍利则是普觉寺镇寺之宝。

Tips

88 Bright Hill Road 乘地铁在碧山站出站后换乘410号白色车牌公交车即可到达 65-64534046

05 Wild Wild Wet水上乐园

刺激的水上乐园 ★★★★

Wild Wild Wet水上乐园毗邻Escape主题公园，是新加坡规模最大的一处水上乐园。由于新加坡地处热带，因此全年都可以在园内体验各种滑道弯曲刺激的水上滑梯、橡皮船，以及小朋友最喜爱的模拟海浪、泳圈漂浮等各种水上娱乐，是消夏避暑的绝佳选择。

Tips

Downtown East,1Pasir Ris Close 乘地铁在巴西立站A出口出站后换乘3、6、17、354号公交车在Downtown East站下车即可到达 65-65819128 ¥12.9新元

06 Escape主题乐园

玩

小型主题乐园 ★★★★

Escape主题公园与Wild Wild Wet水上乐园毗邻，园内拥有十余种惊险刺激的娱乐设施，是一处规模不大的主题游乐园。在Escape主题公园内最受游人欢迎的就是Kite Flyor，趴在360度旋转的飞艇上高速回转，绝对令人大呼刺激，是假日放松的绝佳选择。

Tips

Downtown East,1Pasir Ris Close 乘地铁在巴西立站A出口出站后换乘3、6、17、354号公交车在Downtown East站下车即可到达 65-65819112 ¥16.5新元

07 莲山双林禅寺

历史悠久的佛教寺院 ★★★★★

Tips

184E Jalan Toa Payoh 乘地铁在Toa Payoh站出站后步行5分钟即可到达 65-62596924

供奉佛陀释迦牟尼的莲山双林禅寺是一座具有中国传统风格的寺院，寺内布局雄伟，亭台楼阁则颇具中国园林艺术的美感。在莲山双林禅寺内的天王殿中供奉着地藏王菩萨与护法伽蓝神关圣帝君。主殿大雄宝殿则供奉着宝相庄严的释迦牟尼佛、药师佛和阿弥陀佛，是一处历史悠久、香火旺盛的佛教寺院。

新加坡
攻略HOW

Part.13 港湾

位于新加坡南部的港湾地区在2000年才正式命名为港湾，是一处人气颇高的商业和休闲娱乐综合区，其中不乏年轻人喜爱的新加坡最大购物广场Vivo City，同时还有最时髦的夜店St. James Power Station等。

港湾 特别看点！

第1名！
花柏山风景公园！

100分！

★一览新加坡南部风光，风光优美的公园！

第2名！
怡丰城！

90分！

★新加坡国内最大的一站式购物中心，亚洲十大购物中心之一！

第3名！
拉柏多神秘隧道！

75分！

★英国殖民者修筑的地下隧道，在新加坡最神秘的地下隧道探险！

01 St. James Power Station

从火力发电厂改建而来的大型娱乐城

★★★★ 娱

Tips

3 Sentosa Gateway 乘地铁在港湾站E出口出站 65-62707676 12新元

St. James Power Station是新加坡港湾地区最著名的娱乐城。正如其名，这里原本是新加坡第一座火力发电厂，其斑驳的红墙和高耸的烟囱仿佛还在向人们述说着这里过去的样子。现在这座超大型的夜店集合体里包含了九家风格不一的歌舞厅，而且这里出售的还是联票，不管在哪一家歌舞厅买票，都可以任意进入其他8家。这使得很多人整个晚上都沉醉其中，一直舞到筋疲力尽。

02 花柏山缆车站

形似珠宝盒的缆车站 ★★★★ 玩

在新加坡有一条非常有名的空中缆车旅游线，游人们可以搭乘空中缆车往来于各个车站之间，从高空俯瞰新加坡的美景，别是一番享受。而位于花柏山的珠宝盒缆车站则是其中最为引人注目的一处。缆车站位于花柏山山顶，从这里可以通往著名景点圣淘沙岛。车站周围遍布着郁郁葱葱的棕榈树林，车站外观也用玻璃覆盖，在阳光的照射下闪闪发光，所以被人们称作“珠宝盒”。每到周末这里还特别提供浪漫的晚餐，供情侣们享受二人世界，据说这里还是全新加坡求婚成功率最高的地方。

Tips

109 Mount Faber Road 乘地铁在港湾站B出口出站后在港湾缆车大厦乘坐缆车在花柏山站下车 65-62708855 ¥10.9新元

03 花柏山风景公园

100分!

一览新加坡南部风光 ★★★★ 玩

花柏山风景公园位于新加坡南部，修建在风光无限的花柏山上。其中海拔105米的花柏顶是整个公园的制高点，站在这里可以将整个新加坡南部的景色尽收眼底。这里还有一个花木围绕的多层平台，平台上的箭头指向新加坡大多数旅游景点。从花柏山山顶下来，通过一条花丛走道就可以来到海事村。这里是公园的游乐园，以一条古代帆船为中心，开辟出了很多供小孩子们玩耍的地方。此外，在享受童年乐趣的同时，还能在这里的餐饮区饱餐一顿。

Tips

109 Mount Faber Road 乘地铁在港湾站B出口出站后在港湾缆车大厦乘坐缆车在花柏山站下车

04 怡丰城 90分!

新加坡国内最大的一站式购物中心

买 ★★★★

怡丰城位于新加坡港湾地区，是新加坡国内最大的一站式购物中心，同时也位列亚洲十大购物中心之一。这里沿着大海而建，流线型的白色屋顶好像风帆一般，和海洋的主题十分契合。怡丰城内共有建筑面积150万平方米，商铺300余家，分列于地下二层和地上三层之中，地底还有7层的停车场，霸气十足。这里的租户80%都是老字号，信誉卓著，同时也富于创新，有很多让人耳目一新的新产品。购物、餐饮、娱乐等设施一应俱全，能让人享受最完整的休闲乐趣。

Tips

1 Harbour Front Walk
乘地铁在港湾站E出口出站
65-63776868

必玩01 购物区

创意十足的各色商品

在怡丰城的购物区能找到来自世界各地的知名品牌，不管是时装、首饰还是奢侈品，都应有尽有，涵盖了从平民化的几元吊带到数千数万元的精品服饰等，适合各个阶层的人前来购物。同时，这里一向以创意为重，不论是多小的店面，只要有好的创意，一样能在这里生存下去，因此这里出售的货品也都是创意十足，让人颇感新鲜。

必玩02 美食广场

品尝来自世界各地的美食

怡丰城在出售各种货品的同时，也有很多提供世界各地美食的餐厅。其中更是有不少富含新概念的新式餐厅，比如来自中国香港、各种食品均只需10新元的茶餐厅“金叻利”，由日本人经营的西式咖啡座White Dog Café，还有马来西亚的鸡肉饭馆Chicken Rice Shop等。有这么多餐厅，不管是哪个饕餮之客最后都可以满意而归。

必玩03 屋顶公园

建于屋顶的大型公园

怡丰城在利用空间方面自有独到的方式，每一层楼的空间都被很好地利用了起来，建设了不少户外设施。在顶楼就开辟了屋顶公园，这里规划出了步行道、户外阶梯剧场及游戏水池等，还摆放着不少很具艺术感的卡通人物像。特别的是这里还有一片小型的沙滩，让人们在这里也能享受到愉快的海边乐趣。

05 拉柏多神秘隧道

75分!

英国殖民者修筑的地下隧道

拉柏多海滨公园是新加坡最为神秘的地方，说它神秘倒不是因为地处海边的它充满了大海的神秘感，而是因为这里拥有一条神秘的地下隧道。早在19世纪时，拉柏多海滨公园所在的地区是英国殖民者的防卫基地，至今地面上还能看到不少当年的军事设施。而神秘隧道就位于公园的地下，走进隧道，布满青苔的墙面突显出悠久的历史。这条隧道当年主要通往军火库，至今还能在隧道内清楚地看见“二战”时期炮火轰炸的痕迹，让人们对那段历史有一个深刻的体验。

Tips

Labrador Villa Road 乘地铁在港湾站A出口出站后在Telok Blangah Rd.换乘10、30、61、143、176、188号公交车在Opp PSA Bldg站下车 65-63396833 8新元

06 南部山脊

连接南部各景点的步道

南部山脊是位于新加坡南部的一条步行旅游道路，这条步道好像栈道一样修建在群山之间，将新加坡南部各个旅游景点连接在一起，将这些原本孤立的一座座公园有机地整合在一起。在这条长达9公里的走道沿线，设计者别出心裁地通过悬在高空的走道、自然小路和桥的混合使用，开辟出了一个非常吸引人的空间，游人们可以尽情地体验自然风光，感受大自然带来的美。正如它的设计师所说的那样，南部山脊就像一条项链，穿起了新加坡南部各个有如宝石一般的美妙景点。

Tips

乘地铁在港湾站D出口出站

新加坡攻略HOW

Part.14 圣淘沙

位于新加坡本岛南部的圣淘沙是新加坡第四大岛屿，原名Pulau Blakang Mati在马来文中的意思是和平与宁静，同时也是一处风景优美，遍布引人入胜的探险乐园、博物馆和众多历史遗迹的田园式度假胜地。

圣淘沙 特别看点！

第1名！鱼尾狮像塔！

100分！

★圣淘沙的象征，新加坡最高的自由式建筑！

第2名！新加坡海底世界！

90分！

★亚洲最大的热带水族馆，了解丰富多彩的海洋知识！

第3名！亚洲大陆最南端！

75分！

★独特的地理景观，亚洲大陆最南端的海角！

01 圣淘沙空中缆车

新加坡著名的旅游线路

玩 ★★★★

圣淘沙空中缆车既是连接新加坡城区与圣淘沙岛的交通工具，又是一条能够领略各种美好风光的旅游线路。乘坐缆车出发，首先能够看到新加坡繁华的都市风光，还能俯瞰波涛起伏的蓝色海面，而圣淘沙岛上优美的自然风光，也会一点点地呈现在游客面前，各种美丽的景观尽收眼底。乘坐圣淘沙空中缆车的最佳时段是黄昏，游客们可以一边品尝着风味佳肴，一边观看落日的余晖，非常具有浪漫气息，因此深受情侣们的欢迎。

Tips

乘地铁在港湾站E出口出站后在圣淘沙轻轨站即可乘坐 ¥ 11.9新元

02 音乐喷泉

圣淘沙岛上最著名的景点之一

赏 ★★★★

音乐喷泉是圣淘沙岛上的名景，它会在每天的黄昏时分开始表演。到了夕阳西下的时候，高低起伏的水流会在音乐的伴奏下翩翩起舞，这种奇妙的表演吸引了游人们关注的目光。音乐喷泉在进行表演的同时还会有激光照射在水幕上，让围观的群众欣赏到颇有趣味的影视片段。这其中既有中国的神话传说，也有西方的奇幻故事，当然也不乏新加坡及东南亚地区流行的各种音乐舞蹈和民间习俗活动。

Tips

The Merlion Sentosa Singapore 乘地铁在港湾站E出口出站后在圣淘沙轻轨站换乘轻轨前往圣淘沙岛，在岛上乘循环公交车蓝线

03 圣淘沙胡姬花园

风景优美的综合性公园

玩 ★★★★

圣淘沙胡姬花园里景色优美，鲜花遍布，芳香四溢，来到这里的游人们能够体验到别样的浪漫风情。望塔是公园内最著名的景点，在那里可以俯瞰岛上的诸多美景，也能远眺波澜壮阔的海洋。圣淘沙胡姬花园里的环境良好，里面的诸多建筑风格古朴典雅，与周围花团锦簇的氛围相得益彰，特别适合拍照留念，因此也成为新加坡著名的婚纱摄影地。游客走累了的话，还可以到日式餐厅里休息和品尝美食。

Tips

Sentosa Orchild Gardens 乘地铁在港湾站E出口出站后在圣淘沙轻轨站换乘轻轨前往圣淘沙岛，在圣淘沙岛上乘循环公交车在胡姬花园站下车

04 鱼尾狮像塔

100分! 赏

圣淘沙的象征 ★★★★★

鱼尾狮像塔是圣淘沙岛上最著名的景点，不但享誉新加坡，在整个东南亚诸多景点中也是颇有名气的。该塔是新加坡最高的自由式建筑，塔身瘦削而挺拔，塔顶的鱼尾狮是这里的象征，塔下的小道也是因此得名的。鱼尾狮身上的鳞片可以自由地变幻色彩，尤其是到了夜间，它所散发出来的光芒，能吸引全岛游人的目光。鱼尾狮像塔内还收藏了诸多珍宝供人参观，而水族箱内那些欢快游动的热带鱼类，则是这里的另一大特色。

Tips

圣淘沙岛西北部 乘地铁在港湾站E出口出站后在圣淘沙轻轨站换乘轻轨前往圣淘沙岛，在圣淘沙岛上乘循环公交车蓝线

必玩 鱼尾狮像塔小径

适合漫步的小道

鱼尾狮像塔小径是因为靠近著名的圣淘沙鱼尾狮像塔而得名的，沿途的景点众多，因而吸引了无数游客在这里行走游玩。漫步在小道上，首先能够看到的就是著名的鱼尾狮像塔优美的身姿和变化万千的鱼尾狮像，也能看到享誉全岛的音乐喷泉，每当水流翩翩起舞或者放射出五彩光芒的时候，场景都会令人惊叹不已。鱼尾狮像塔小径最吸引人的地方，是这里收集了与新加坡鱼尾狮有关的各种故事传说。

05 Song of the Sea

娱

充满奇幻色彩的主题剧场 ★★★★

Song of the Sea是圣淘沙岛上著名的表演场所，它以海洋为舞台，运用各种先进的声光手段，给观众带来了一场难以忘怀的精彩演出。这段奇幻色彩的演出讲述的是主人公为营救公主而克服千难万苦的故事，它取材于脍炙人口的童话故事。剧场会根据情节的需要，将盛大的焰火、激光字幕和图像、喷泉舞蹈以及电脑合成影像一一展现在观众面前，同时还会奏响渲染气氛的音乐，因此深受游客们的好评。

Tips

Beach Station附近海滩上 乘地铁在港湾站E出口出站后在圣淘沙轻轨站换乘轻轨前往圣淘沙岛，在岛上乘公交车蓝线或黄线在Beach Station下车 ¥6新元

06 摩天塔

圣淘沙岛的制高点 ★★★★★ 赏

摩天塔是圣淘沙岛上的著名景观，游人登到塔顶就可以将整座小岛优美的风景尽收眼底，无论是林木葱茏的公园，还是人流涌动的海滩，在这里都清晰可见。这里的观景平台是全岛最高的，当游客们乘坐飞速上升的电梯的时候，可以看到远方的景观一点点地呈现在自己的面前。摩天塔的独特之处在于顶部的观景平台会自行旋转，里面的游客能够纵览海岛上的美丽风景，也能眺望远方的各种景色。

Tips

圣淘沙空中缆车站前方 乘地铁在港湾站E出口出站后在圣淘沙轻轨站换乘轻轨前往圣淘沙岛，在圣淘沙岛上乘循环公交车蓝线或绿线在Cable Car下车 ¥ 12新元

07 蝴蝶公园

蝴蝶纷飞的公园 ★★★★★ 赏

蝴蝶公园是新加坡种类繁多的主题公园中最独特的一处，它兼具了科研、科普、旅游、休闲与动物保护等多种功能。蝴蝶公园环境优美，林木葱茏，鲜花遍地，空气中弥漫着芬芳的气息，一只只美丽的蝴蝶在这里翩翩起舞。春天是观赏蝴蝶的最佳季节，这种美妙的精灵会在阳光的照射下尽情地展现自己的身姿，它们优美的舞蹈和绚丽的花朵相得益彰，令人赞叹不已。

Tips

51&51A Cable Car Road 乘地铁在港湾站E出口出站后在圣淘沙轻轨站换乘轻轨前往圣淘沙岛，在圣淘沙岛上乘循环公交车 ¥ 10新元

08 新加坡万象馆

新加坡的历史博物馆

新加坡万象馆是介绍新加坡历史的主题展馆，这里运用现代化的声光手段，能够让游客们身临其境地了解狮城的传奇历史。这里从新加坡的拓荒时期说起，并还原当时住民的生活状态。此外，马来柔佛王国统治时期、英国殖民时期、日本占领时期、"二战"后及新加坡独立之后等不同时代的重要历史事件都可以在这里看到。游人在这里还能了解到新加坡不同民族间流传的各种神话传说和民间故事。

Tips

40 Imbiah Road 乘地铁在港湾站E出口出站后在圣淘沙轻轨站换乘轻轨前往圣淘沙岛，在圣淘沙岛上乘循环公交车 65-62793284 ¥10新元

09 圣淘沙4D魔幻影院

充满刺激的梦幻之旅

圣淘沙4D魔幻影院是时下新加坡最受欢迎的景点之一。这里运用现代声光影音等手段，能让观者获得身临其境的感受。这里的座位是特制的，它会根据剧情的发展做出不同的反应，时而摇摆不停，时而喷洒出清凉的水珠，能够让观众置身于影片光怪陆离的世界之中，与主人公产生共鸣。这家影院吸引了来自世界各地的观众，能让他们获得非同一般的观影感受。

Sentosa 4D Magix Theatre,Sentosa 乘地铁在港湾站E出口出站后在圣淘沙轻轨站换乘轻轨前往圣淘沙岛，在圣淘沙岛上乘循环公交车 ¥16新元

10 新世纪奥妙高尔夫球场

●●● 独特的迷你高尔夫球场 ★★★★

新世纪奥妙高尔夫球场是新加坡最著名的高尔夫球场，虽然场地不大，但各种设施却一应俱全，特别适合朋友间聚会休闲和初学者玩票。这座独特的迷你高尔夫球场有着别具一格的地形设计，18个球洞每一处都是考验球手技术的试金石。此外，新世纪奥妙高尔夫球场也同时面向老人和儿童开放，无论什么年龄阶段的高尔夫爱好者，都能在这里体验到这项运动的乐趣。

Tips

11 Siloso Road Sentosa 65-62752011 ¥8新元

11 新加坡海底世界

90分!

●●● 亚洲最大的热带水族馆 ★★★★

新加坡海底世界是亚洲最大的热带水族馆，来到这里的游客们不仅能够看到形态各异的海洋生物，还能看到精彩的动物表演。新加坡海底世界是各种海洋生物会聚的地方，这里既有色彩斑斓的热带鱼类，也有形象怪异的海底生物，它们大都聚集在珊瑚礁石之中，而迅捷凶猛的鲨鱼会不时地巡游而过。“触摸池”是这里最有特色的地方，游人们在这里可以亲身触碰海盘车、海参等多种海洋生物，这种机会是别处难有的。

Tips

80 Siloso Road 乘地铁在港湾站E出口出站后在圣淘沙轻轨站换乘轻轨前往圣淘沙岛，在岛上乘公交车蓝线或红线在海底世界下车 65-62750030 ¥19.9新元

12 海豚乐园

新加坡海底世界里最热门的场馆

海豚乐园是新加坡海底世界里人气最为旺盛的场馆，游客们不仅能看到精彩的水上演出，还能与这些水中精灵亲密接触。这里的独特之处在于它完美地模拟了海豚的生存环境，游客们都是站在沙滩上观看各种表演的。海豚乐园里有很多种海豚表演，既有传统的背负潜水员急速游行和下潜，也会召开演唱会，让来到这里的人们聆听天籁。

Tips

80 Siloso Road 乘地铁在港湾站E出口出站后在圣淘沙轻轨站换乘轻轨前往圣淘沙岛，在岛上乘公交车蓝线或红线在海底世界下车 65-62750030 ¥19.9新元

13 西乐索海滩

举行各种沙滩和海洋运动的胜地

西乐索海滩是圣淘沙岛上的三大海滩之一，以举行各种沙滩和海洋运动而闻名。这里的活动多种多样，游人们可以乘坐快艇感受劈波斩浪的刺激，也能驾驶帆船与大海一争高下，当然也能潜入水中去探寻神秘的海底世界。西乐索海滩还是年轻人聚集的地方，因为这里是新加坡沙滩排球盛行的发源地，是沙滩排球爱好者的天堂。当然，这里也少不了各种酒吧和咖啡馆，还有出售风味小吃的餐厅。

Tips

203 New Bridge Road 乘地铁在港湾站E出口出站后在圣淘沙轻轨站换乘轻轨前往圣淘沙岛，在圣淘沙岛上乘循环公交车

14 香灰莉园

●●● 充满着休闲气息的公园 ★★★★

香灰莉园是圣淘沙岛上最具有休闲气息的公园，这里是游人们放松身心、与大自然亲密接触的好地方。这个公园里最著名的景点，当数那棵巨大的香灰莉古树。它枝繁叶茂，每到开花的时候就会布满淡黄色的花朵，香气四溢，令人不忍离去。大树下的草坪如绒毯般柔软，许多当地的居民都会在树荫下野餐聚会，也有人在这里躺下休憩。湖泊里鱼儿在游动，给安宁恬静的园区增添了一丝活力。

Tips

Enchanted Grove of Tembusu Sentosa Singapore 乘地铁在港湾站E出口出站后在圣淘沙轻轨站换乘轻轨前往圣淘沙岛，在圣淘沙岛上乘循环公交车

15 西乐索炮台

●●● 新加坡著名的海上炮台 ★★★★

西乐索炮台是新加坡现存的军事要塞中保存最为完好的一个，各种军用设施一应俱全，游客们在这里可以略窥新加坡的历史。这座炮台是由英国殖民者建造的，本是用于封锁附近海域的战术支点，在“二战”中被日军改建为监狱，关押的是反抗侵略者的仁人志士。西乐索炮台最引人注目的是那些古老的大炮，它们保存完好，非常适合拍照留念。这里还有专门的展览室，详细介绍了该炮台的传奇历史。

Tips

圣淘沙岛最西端 乘地铁在港湾站E出口出站后在圣淘沙轻轨站换乘轻轨前往圣淘沙岛，在圣淘沙岛上乘循环公交车 ¥ 8新元

16 丹戎海滩

新加坡著名的情侣海滩 ★★★★ 玩

丹戎海滩是圣淘沙岛上最具浪漫气息的地方，这里没有别处那热闹喧嚣的氛围，能够给人一种安宁祥和的感觉。白天游人们可以坐在树下，一边品尝着冰爽的饮料，一边放松劳累的身心，也能慵懒地躺在沙滩上闭目养神。到了黄昏时分，火红的太阳徐徐坠入大海，天地间呈现华美的色彩，令人惊叹不已。入夜之后，满天星斗与渔船上的点点灯火相映成趣，给这里带来了无法用语言形容的独特感受。

Tips

Palawan Beach 乘地铁在港湾站E出口出站后在圣淘沙轻轨站换乘轻轨前往圣淘沙岛，在圣淘沙岛上乘循环公交车黄线或红线在Dolphin站下车，或乘坐海滩火车在Palawan Beach站出站

17 巴拉湾海滩

圣淘沙最为热闹的景区之一 ★★★★ 玩

巴拉湾海滩是圣淘沙的新兴旅游地，是适合全家老少共享天伦的地方。这里最具魅力的不是清澈的海水，而是上演精彩戏剧的露天剧场。这里的艺术表演都是老少咸宜的娱乐节目，而那些精彩的动物及飞禽表演也吸引着孩子们的目光。春节期间来到这里还可以参加著名的圣淘沙花会，观赏色彩鲜艳的花卉和巨型风车，以及用花草装饰成的动物造型，如北极熊、海豹和海龟等，令人惊叹不已。游人通过海边狭长的吊桥可以踏上位于亚洲大陆最南端的小岛，眺望美丽的中国南海风光，感慨天地的博大与海洋的雄壮气势。巴拉湾海滩又是一个美食荟萃的地方，这里拥有东西方各国的风味佳肴，既有口味正宗的中华美食，也有西式快餐的身影，独特的印度菜也是令人心仪的选择。

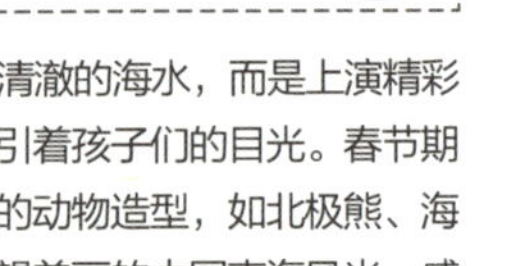

Tips

Tanjong Beach 乘地铁在港湾站E出口出站后在圣淘沙轻轨站换乘轻轨前往圣淘沙岛，在圣淘沙岛上乘循环公交车黄线或红线在Dolphin站下车，或乘坐海滩火车在Tanjong Beach站出站

18 亚洲大陆最南端

75分!

独特的地理景观

★★★★ 赏

亚洲大陆最南端位于巴拉湾海滩的一个小岛上，那里景色优美，隔海相望的对面就是全球第三大岛——加里曼丹岛。要想前往地处亚洲大陆最南端的这座小岛，必须要先经过一座狭长的木质吊桥，过桥时脚下摇摇晃晃的，颇有一番紧张刺激的感受。岛上最醒目的地方就是一座观景台，虽然只有三阶，却是整个亚洲大陆最南端的标志物，堪称真正的“地之角”。不远万里来到这里的游人们都会选择站在上面摄影留念。此外在岛上还可以看到碧波万顷的大海，感受水天一色的壮观景象。

巴拉湾海滩附近 乘地铁在港湾站E出口出站后在圣淘沙轻轨站换乘轻轨前往圣淘沙岛，在圣淘沙岛上乘循环公交车黄线或红线在Dolphin站下车，或乘坐海滩火车在Palawan Beach站出站

19 昆虫王国博物馆

独特的昆虫展览馆

★★★★ 

昆虫王国博物馆是新加坡最受欢迎的博物馆之一，它以展出千奇百怪的昆虫生物而扬名。昆虫洞穴是这里最著名的景点，它全长70余米，里面的光线是由飞舞着的萤火虫提供的。博物馆内各种昆虫应有尽有，游客们在这里可以与那些平常难得一见的昆虫亲密接触。来到昆虫王国博物馆能具体了解不同种类昆虫的情况，还能观看到奇妙的昆虫表演，既有含有竞技元素的昆虫比赛，也有精彩的昆虫舞蹈。

51&51A Cable Car Road 乘地铁在港湾站E出口出站后在圣淘沙轻轨站换乘轻轨前往圣淘沙岛，在圣淘沙岛上乘循环公交车 ¥10新元

新加坡
攻略HOW

Part.15 圣淘沙名胜世界

圣淘沙名胜世界是一处世界级的综合娱乐度假胜地，拥有东南亚唯一的环球影城，以及海事博物馆、海洋生物园和众多豪华饭店、餐厅，是一处可以令人尽情娱乐、享受假日乐趣的地方。

圣淘沙名胜世界特别看点！

第1名！

新加坡环球影城！

100分！

★全世界第四座环球影城，充满梦幻色彩的主题娱乐城！

第2名！

名胜世界娱乐场！

90分！

★新加坡第一座对外开放的赌场，紧张刺激的博彩娱乐！

第3名！

生之旅！

75分！

★别具特色的摇滚马戏舞台剧，魔幻色彩的舞台特效！

01 新加坡环球影城

100分！

全世界第四座环球影城

玩

位于圣淘沙岛上的新加坡环球影城是全世界第四座环球影城，共分为纽约、好莱坞、古埃及、科幻城市、遥远王国、马达加斯加和失落的世界七个主题区域。这里所有的游乐项目和景观都取材自热门电影，游客可以和恐龙、史瑞克、变形金刚等电影中的人气明星亲密接触、合影留念，是一个充满梦幻色彩的主题娱乐城。

Tips

8 Sentosa Gateway,Sentosa Island  66新元

必玩01 木乃伊复仇记

古埃及被诅咒的木乃伊

乘坐过山车穿行时，会经过一片漆黑的洞穴，高速翻转的同时，游人还可以看到眼前不断出现的各种怪物和木乃伊，在惊声尖叫中绝对会经历这一生中最恐怖的“盗墓惊魂”。

必玩02 侏罗纪河流探险

迷失在侏罗纪公园内

乘坐橡皮艇顺着水流向前就会进入电影《侏罗纪公园》内的场景，湍急的水流，以及热带雨林中狂暴的恐龙，又一次紧张刺激的探险之旅等待着游人加入。

必玩03 太空堡垒双轨过山车

全世界最大的双轨过山车

太空堡垒双轨过山车的设计灵感来自热播的电视剧《太空堡垒卡拉狄加》。这座全世界最高的双轨过山车有两种玩法，可以选择座椅式和悬挂式。此外，还有根据《变形金刚》这部全球热播大片设计的全新过山车，是环球影城内最刺激的娱乐项目。

必玩04 遥远王国

奢华的梦幻王国

遥远王国仿佛一座奢华的梦幻城堡，在这里有国王、多话驴、菲欧娜与史瑞克等人气角色。在4D电影院内还可以同这些影片中的角色一同经历童话故事般的冒险旅程。

02 名胜世界娱乐场

新加坡第一座对外开放的赌场

娱 ★★★★

Tips
8 Sentosa Gateway,Sentosa Island 外国游客需出示护照才可入场

新加坡第一座对外开放的赌场——名胜世界娱乐场内部装饰都是令人心情愉悦的橘红色，拥有超过500张赌桌、19种桌牌游戏、上千台老虎机，各种桌牌游戏令人大呼过瘾。场内餐饮也是丰富多彩，应有尽有。

03 生之旅

别具特色的摇滚马戏舞台剧

★★★★

Tips
8 Sentosa Gateway,Sentosa Island ¥68新元

由世界知名创作人Mark Risher为名胜世界设计的常驻节目——《生之旅》是一部由新加坡籍演员梁伟矿担任主角，与国际马戏巨星Vikor Kee、Aurelia Cats、Jarrett&Raja一同出演的摇滚马戏舞台剧，华丽的舞台服装和充满魔幻色彩的舞台特效令人叹为观止。

04 节庆大道

好吃好玩好买 

Tips
8 Sentosa Gateway,Sentosa Island

节庆大道沿街两侧汇集了知名品牌专卖店、60余家美味餐厅和西式咖啡屋、酒吧。除了CHANEL、Chopard、Swisswatch Gallery等世界知名的品牌外，这里还有美国内衣品牌Victoria's Secret，以及Chihuly Gallery、Michael Graves精品店等，适合逛街休闲。

新加坡
攻略HOW

Part.16 新加坡其他

新加坡其他 特别看点！

第1名！ 武吉知马自然保护区！

★完整保留原始热带雨林的保护区，感受原始热带雨林的独特魅力！

第2名！ 裕廊飞禽公园！

★全世界的鸟儿汇聚一堂，鸟类爱好者的天堂！

第3名！ 双溪布洛湿地保护区！

★新加坡唯一的沼泽保护区自然公园，欣赏候鸟和其它众多动物！

01 新加坡植物园

新加坡最大的植物园 ★★★★ 赏

新加坡植物园是新加坡最大的植物园，这里占地54公顷，收集了来自世界各地的奇花异草。主要分为热带植物、亚热带常绿乔木、灌木、蔓藤、棕榈、竹类园艺花卉、水生植物、沼生植物、寄生植物和沙漠植物等多个种类。植物园中最大的部分称作胡姬花园，这里面珍藏着700多种兰花，均以世界知名女性的名字命名，其中最珍贵的叫做卓锦·万代兰，是新加坡的国花。此外这里还有生态湖、棕榈谷、交响乐湖等景点，展示各种让人耳目一新的植物花草。

Tips

Cluny Road 乘地铁在乌节路站出站后换乘7、77、106、174、502路公交车在Opp Gleneagles Hospital站下车 65-64717361

02 Dempsey Hill

新加坡的时尚新地标

★★★★ 逛

Dempsey Road 乘地铁在乌节路站出站后换乘7、77、106、174、502号公交车在Opp Gleneagles Hospital站下车

Dempsey Hill位于新加坡植物园对面，是新加坡时尚新地标之一。这里所有的建筑都建在殖民时期英国的军营之上，距离繁华的乌节路仅有10分钟的车程。Dempsey Hill集吃喝玩乐于一体，在山头上分布着餐厅、酒吧、画廊、古董店、精品时装店、美容SPA等各种娱乐休闲场所。这里的餐厅尤其有一种慵懒休闲的气质，在这里无论是吃饭还是喝下午茶都很惬意，配合窗外温馨的自然风光，让人乐不思蜀。

03 Au Jardin

在密林之中享用法国大餐

★★★★ 

Au Jardin是一家坐落于新加坡植物园中的餐厅，这家餐厅一反新加坡各种高级饭店造型华美的传统，建在林丛中，四周都是高大的树木，环境倒显得清幽雅致。店家主营法国料理，善于使用当季食材，诸如鹅肝、带子、小羊肉、鱼子酱、龙虾等，制作出精致好吃的法国大餐。同时这里还在每周五和周日推出特别菜单以及半自助餐，可以说是合家团聚和举办宴会的首选。

1 Cluny Road，EJH Corner House Singapore Botanic Gardens 乘地铁在乌节路站出站后换乘7、77、106、174、502号公交车在Opp Gleneagles Hospital站下车 65-64668812

04 荷兰村

传统的波希米亚风情 ★★★★ 逛

荷兰村是新加坡最具欧洲风情的地方，不过这里名字的由来并非因为住着很多荷兰人，而是这附近的建筑很多都是出自一名荷兰的建筑设计师之手。这里保留了很多老式的传统红砖屋，其中很多现在都成了古董店、家具店、手工艺店、餐厅、咖啡店等商铺。在这片区域内有两座规模较大的购物中心，其中以荷兰路购物中心最为知名。在荷兰村无论白天还是晚上都是人头攒动，十分热闹。

Holland Avenue 乘地铁在乌节路站出站后换乘7、77、106、174、502号公交车在Holland Village站下

05 荷兰路购物中心

荷兰村中规模最大的购物中心 ★★★★ 买

荷兰路购物中心是荷兰村中规模最大的购物中心，这里原本是当地的一个家具出租店，如今则成了一个具有民族风格的艺术和手工艺宝库。在购物中心里充满了来自全亚洲的古董和工艺品，尤其是有一家叫做Lim's Arts and Living的古董店，以各种玻璃器皿而闻名，同时还有来自非洲的摩洛哥餐具、鸟笼、非洲雕像、烟斗等精美的小玩意儿，让人看得眼花缭乱。

Holland Road Shopping Centre, Holland Village Singapore 乘地铁至Buona Vista站下，换乘200路巴士至荷兰路站即达

06 虎豹别墅

著名华商的私人别墅

虎豹别墅是著名的华商兄弟胡文虎、胡文豹二人所建，并以他们的名字命名，在香港和福建也都有同名的建筑。位于新加坡的这座虎豹别墅是胡文豹的居所，其面积也是三座中最大的。如今这里已经是当地小有名气的公园，别墅里最大的特点就是栩栩如生地刻画出很多中国传统民间故事里的人物雕像，包括《西游记》《八仙过海》《白蛇传》等故事中的人物，巧妙地将中国传统文化展现给每一个前来参观的人。

262 Pasir Panjang Road 乘地铁在波那维斯达站出站后换乘200号公交车

07 新加坡鳄鱼园

和凶猛的鳄鱼做亲密接触

新加坡鳄鱼园是东南亚地区规模最大的鳄鱼养殖园，这里一共养殖着来自世界各地近千个品种的鳄鱼，其中包括不少濒临灭绝的鳄鱼品种。每个游客都可以在这里和鳄鱼进行零距离的接触，以使人们不再对这种古老的生物充满恐惧。还有来自东南亚的表演者进行和鳄鱼互动的惊险表演，非常刺激。除此之外，这里还陈列着不少和鳄鱼有关的标本、图片等资料，也是很多学者和研究者获取信息的好地方。

730 East Coast Parkway 乘地铁在莱佛士坊站出站后换乘16号公交车在Marina Terrace站下车 65-64473722

08 东海岸公园

设施齐全的海边公园

East Coast Parkway靠海一带　乘地铁在乌节路站或莱佛士坊站出站后换乘16号公交车在Marina Terrace站下车

东海岸公园位于新加坡东南沿海地区，这里是一处细长的地带，全长达8.5公里，是新加坡规模最大的海滨度假区。在这里有大量的体育设施，包括适合冲浪和游泳的中央人工游泳区、由14个网球场构成的网球中心，还有一个200多米长的高尔夫练习场，适合男女老少来此休闲活动。每到周末都可以看到很多新加坡人拖家带口来到这里，海滩上人头攒动，各种运动场所都是人满为患。

09 东海岸海鲜中心

在新加坡吃海鲜的首选

东海岸海鲜中心在来新加坡观光的游客中颇为知名，几乎所有的旅游指南上都会推荐这里，此外新加坡本地人也会专程来这里的海鲜餐厅享用各种美味海鲜。在东海岸海鲜中心林立着十余家餐厅，辣椒螃蟹和黑胡椒螃蟹是最受欢迎的招牌菜，辛辣浓稠的西红柿辣椒汁淋在新鲜的螃蟹上，辛辣味搭配西红柿的酸味，再配上馒头或银丝卷吃，别有一番风味。

UDMC Seafood Centre，East Coast Parkway
乘地铁在巴西立站出站后换乘出租车即可到达

10 民丹岛

新加坡的后花园

印度尼西亚廖内群岛东北方 乘地铁在丹娜美拉站出站后换乘SBS35号新巴在丹娜美拉渡轮码头乘渡轮 62-62707676

民丹岛是印度尼西亚廖内群岛中的最大岛屿，因为距新加坡很近，所以新加坡便将这里租借下来作为一处旅游景点，因此这里也有“新加坡人的后花园”之称。岛上风光旖旎，由于接近赤道，所以气候炎热，终年日照充足。这里银色的沙滩、碧蓝的大海、苍翠的树木都深深吸引着每一个游客。在岛上有设备齐全的海上运动中心与高尔夫球场，人们可以在这里尽情运动一番，还可以参观岛上的原住民聚居区，看他们怎么采集橡胶，别有一番乐趣。

11 乌敏岛

保留传统样貌的小岛

乌敏岛位于新加坡东北部的海上，面积约有10平方公里。乌敏岛大多由花岗岩组成，曾是新加坡人开采花岗岩的主要地区。至今这里还保留了新加坡20世纪60年代时的风貌，在现代化的新加坡独具特色。这里很像是一座古老乡村，生活节奏舒缓，是难得的能让人放松的地方。岛东部的仄爪哇是新加坡重要的湿地保护区，这片湿地融沙滩、岩滩、海草潟湖、珊瑚碎片、红树林和滨海森林等多种地貌于一体，别有一番风情。

Pulau Ubin 乘地铁在丹娜美拉站B出口出站后换乘2号公交车在Changi Village站下车后在村中的Changi Point Ferry Terminal搭乘渡船

12 柔佛炮台

最坚固的防卫要塞

Cosford Road 乘地铁在丹娜美拉站出站后换乘2号公交车在Selarang Camp站下车

柔佛炮台建于1939年，是当时驻新加坡的英国军队为了防御而建的一处重要据点。这里有三门巨型大炮，可以发射15英寸炮弹，是“二战”期间英国除了本土以外最强大的火炮。这些火炮和炮台在驻新加坡英军投降后被尽数摧毁，直到1991年才得到重修，并安置了三门巨炮的复制品。如今这里摆放着当时巨炮和炮弹的模型，在巨炮身后则有一个地形复杂的坑道，里面深不可测，宛如迷宫一般，现今也仅仅发掘出了一小部分。站在这里依稀还能感受到当时激烈的战况，增添了不少历史的沧桑感。

13 双溪布洛湿地保护区

新加坡唯一的沼泽保护区自然公园

301 Neo Tiew Crescent 乘地铁在克兰芝站C出口出站后换乘925号公交车在Kranji Reservoir Carpark站下车 65-67941401

开放于1993年的双溪布洛湿地保护区是新加坡第一个也是唯一一个沼泽保护区自然公园。公园面积超过87公顷，里面栖息着超过500种野生动植物，是候鸟们向南迁徙过冬时的必经中转站。公园内规划了黄、橘、紫三条线路，每条线路长度不一，都有着不同的景色。在这儿能看到大片的红树林，也能见到涂鱼、寄居蟹、水蛇、巨蜥等动物，赏鸟是这里最吸引人的活动，尤其是在每年的候鸟季节，还能看到来自遥远的西伯利亚的候鸟。

14 武吉知马自然保护区

100分!

完整保留原始热带雨林的保护区

赏

新加坡是世界上两座保存了完整的原始热带雨林的城市之一，这些雨林绝大部分就位于武吉知马自然保护区内。这个保护区占地约160公顷，以新加坡最高山峰武吉知马山为中心，分布着广阔的森林，其中还有不少珍稀的野生动物栖息。游人们可以通过蜿蜒的小路进入森林，和蝴蝶、猴子、松鼠、猫猴等可爱动物一起玩耍，看各种稀奇古怪的食虫植物的自然生态，不管是自然爱好者还是远足发烧友都能享受其中的乐趣。

Tips

Upper Bukit Timah Road 乘乘地铁在纽顿站A出口出站后换乘171号公交车在Opp Bukit Timah Shopping Centre站下车 65-64685736

15 新加坡动物园

回归自然的动物世界

新加坡动物园位于新加坡北部，是世界十大动物园之一。这座动物园占地28公顷，采取全开放的模式，以木石等天然屏障替代冰冷的铁笼来隔开动物，为动物们创造出一个自然的生活环境。300多种超过3000只的动物就生活在这样舒适的环境之中，其中还有不少是濒临灭绝的珍禽异兽，包括从中国远道而来的大熊猫“安安”和“新兴”。除此之外，在园内还有澳洲旷野、白老虎、原野非洲、雨林儿童乐园等部分，让不少大人和孩子流连忘返。

Tips

80 Mandai Lake Road 乘地铁在宏茂桥站A出口出站后换乘138号公交车在Singapore Zoo站下车 65-62693411

16 新加坡夜间野生动物园

观看夜间野生动物的生态情趣

新加坡夜间野生动物园是世界上第一座专门为了夜间出来活动的动物而建造的动物园，位于新加坡动物园边上。动物园本身是一片次生雨林，并分为八个主要部分。游人们可以选择步行或是乘坐电瓶车来参观，在皎洁月光的照耀下亲密接触那些在白天不会出来活动的小动物们。步行游览更具乐趣，可以通过3条步行道走遍整个动物园，还能看到在观览车上看不到的景象。此外这里还会举办叫做《夜晚的精灵》的动物表演，出演的都是可爱的小动物，很吸引人。

Tips

80 Mandai Lake Road 乘地铁在宏茂桥站A出口出站后换乘138号公交车在Singapore Zoo站下车 65-62693411 ¥22新元

17 新加坡钱币博物馆

讲述新加坡钱币的历史

Tips

20 Teban Gardens Crescen 乘地铁在文礼站出站

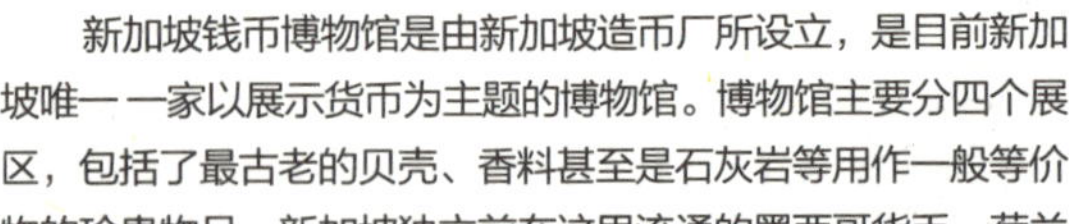

新加坡钱币博物馆是由新加坡造币厂所设立，是目前新加坡唯一一家以展示货币为主题的博物馆。博物馆主要分四个展区，包括了最古老的贝壳、香料甚至是石灰岩等用作一般等价物的珍贵物品，新加坡独立前在这里流通的墨西哥货币、荷兰货币等，“二战”时期日本发行的“香蕉钞”以及新加坡独立后直至今天所使用的新加坡元，等等，其中最珍贵的当属一枚1855年的墨西哥银币、一枚维多利亚女王硬币和一枚1939年的5分钱硬币。从这些钱币中反映出了新加坡的历史，向人们提供了一个了解新加坡国家历史的全新视角。

18 新加坡海军博物馆

建筑在军营之上的海事博物馆

★★★★ 赏

新加坡海军博物馆建立在一座“二战”时期的军营之上，始建于1987年。经过20多年的不断发展和壮大，如今已经成了全世界军事迷以及航海爱好者的最爱。博物馆的内部陈设仿造了过去轮船中的布置，让人耳目一新。这里记录了新加坡海军从英国皇家志愿后备队到现在的新加坡海军部队的进化过程。在博物馆里陈列了很多当年的航海器具、古老照片，以及当时最先进的克尔维特式轻巡航舰的资料等，不管是军事迷还是航海迷都可以在这里寻找到自己所需的东西。

32 Admiralty Road West, Endurance Block,Sembawang Camp 乘地铁在宏茂桥站出站后换乘856号公交车 65-67505585

19 裕廊飞禽公园

全世界的鸟儿汇聚一堂

★★★★

裕廊飞禽公园位于新加坡市中心以西裕廊镇贵宾山坡上，是一处大型人造禽鸟公园。如今公园里共有95个鸟舍、6个池塘和10个可以供鸟栖息的围场，饲养着来自世界各地的360种8500只鸟儿。这些鸟儿大到非洲的鸵鸟，小到加勒比地区的蜂鸟应有尽有。这些动物不管是来自热带还是寒带、沙漠还是沼泽、海洋还是山地，都可以舒适地生活在一起。此外，这里还有吸引人的飞禽表演，无论是鹦鹉学舌还是猫头鹰捕猎都能让人开怀大笑。

2 Jurong Hill 乘地铁在文礼站C出口出站后换乘194、251号公交车在Jurong Birdpark站下车 65-62650022 ¥ 18新元

20 新加坡知新馆

●●● 寓教于乐的科学园

★★★★ 赏

Tips

510 Upper Jurong Road 乘地铁在文礼站C出口出站后换乘182、193号公交车 65-67926188 ¥10新元

新加坡知新馆始建于1996年，是一座耗资7000万新元建成的世界顶级教育娱乐中心。这里共分五个展馆，包含八大主题。置身其间，游客们仿佛穿越了新加坡的整个历史，好像乘坐时间列车一般穿梭在各个历史重大事件之中。这里面展示的方式多种多样，集合了世界上多种最高端的科技，人们只需轻轻按动按钮，就能对新加坡的历史一目了然。同时这里还开辟了多种游客互动和娱乐项目，将游乐融合于教育之中。

21 雪城

●●● 热带的雪原

★★★★ 玩

由于新加坡地处热带地区，因此该国从来都没有下过雪，但是新加坡人凭借技术居然在这个热带国家营造出一片北方雪国。走进雪城，谁都会被这里银装素裹的氛围所震惊，很难想象在外边还是一片热带风光，走进来就成了皑皑雪原。这里面的滑雪场面积有1200平方米，使用了150多吨白雪建造而成，有一条人工雪道。还有一处小型的人造雪地可以供人在上面自由玩耍。经常可以看到小孩子们在这里堆雪人、打雪仗，在炎热的热带享受冰雪给人带来的清凉和乐趣。

Tips

21 Jurong Town Hall Road, Snow City Building 乘地铁在文礼站出站 ¥12新元

22 Rochester Park

建于殖民者别墅之上的餐厅

1Rochester Park 乘地铁在波那维斯达站A出口出站

Rochester Park是新加坡最著名的户外餐厅，这里原本是11幢20世纪20年代英国殖民者上层人物修建的别墅，新加坡独立后这里便被逐渐改造成供人们放松休闲的餐厅。这些房子至今还保持着过去的外观，对比鲜明的黑瓦白墙颇为显眼，因此也被当地人称为“黑白屋”。现今这些黑白屋早已不是旧时贵族的别墅，人们可以随意在这里轻松地享受口味醇正的意大利大餐或是中餐，一边享受美食，一边欣赏周围别墅花园内的优美环境。

23 新加坡科学馆

将科学和艺术融为一体的科学馆

15 Science Centre Road 乘地铁在文礼站出站 ¥6新元

开馆于1977年的新加坡科学馆建于原来的国家博物馆之上，馆内共设有7个展览厅，里面展出了650多件展品，将科学和艺术融合在一起是这里最大的特色。如果一个人看一件展品需要5分钟的话，那他总共要一周的时间才能逛完整座科学馆。这里的综合天文馆，是世界上最先进的天象剧院之一，使用最新的技术播放各种天象节目，让一个神奇的星空展现在人们眼前。在这里可以回顾过去四千年和预测未来一万年内任何一天的星空样貌，让人们感到十分新奇。

索引 INDEX 新加坡攻略

DREAMWORKS
SHREK
4D
ADVENTURE

考拉旅行书目，带您乐游全球!

攻略系列!

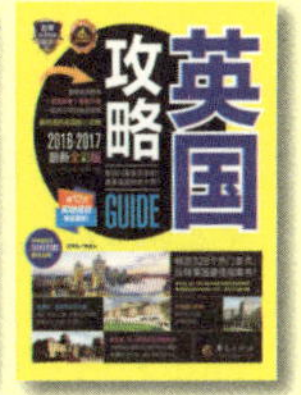

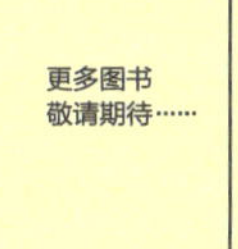

畅游系列!

图书在版编目（CIP）数据
新加坡攻略/《新加坡攻略》编辑部编著. --北京：华夏出版社，2019. 1
（全球攻略）
ISBN 978 - 7 - 5080 - 9493 - 9
Ⅰ. ①新… Ⅱ. ①新… Ⅲ. ①旅游指南—新加坡 Ⅳ. ①K933.99
中国版本图书馆CIP数据核字（2016）第107166号

新加坡攻略

作　　者　《新加坡攻略》编辑部
责任编辑　杨小英
责任印制　刘　洋

出版发行　华夏出版社
经　　销　新华书店
印　　装　北京市华宇信诺印刷有限公司
版　　次　2019年1月北京第1版　2019年1月北京第1次印刷
开　　本　720×920　1/16开
印　　张　13
字　　数　200千字
定　　价　58.00元

华夏出版社　网址：www.hxph.com.cn　地址：北京市东直门外香河园北里4号　邮编：100028
若发现本版图书有印装质量问题，请与我社营销中心联系调换。　电话：（010）64663331（转）